_____ 드림

경매,
저평가 매물
값싸게
낙찰받는 법

경매,
저평가매물
값싸게
낙찰받는 법

초판 1쇄 인쇄 2015년 6월 12일
초판 1쇄 발행 2015년 6월 19일

지은이 이승호

발행인 장상진
발행처 (주)경향비피
등록번호 제2012-000228호
등록일자 2012년 7월 2일

주소 서울시 영등포구 양평동 2가 37-1번지 동아프라임밸리 507-508호
전화 1644-5613 | **팩스** 02) 304-5613

ISBN 978-89-6952-085-2 04320
         978-89-6952-087-6 (SET)

· 값은 표지에 있습니다.
· 파본은 구입하신 서점에서 바꿔드립니다.

경매,

저평가 매물
값싸게
낙찰받는 법

초저금리시대!
월급쟁이
재테크 01

이승호 지음

경향BP

프롤로그

이 책을 낸다 하니
아내가 나에게 바보라고 했다

첫 책, 그 후 7년

《나는 경매투자로 희망을 베팅했다》를 내고 나서 많은 독자들로부터 과분한 사랑을 받았다. 책을 읽고서 눈물을 흘렸다는 분, 극단적인 생각까지 했다가 다시 마음을 돌렸다는 분도 계셨다. 또 책을 읽고 내가 운영하는 경매스쿨 카페(cafe.daum.net/sos2008)에 가입하고, 강의를 들으러 오신 분들도 많았다. 가난한 아빠였던 과거의 내 모습처럼 딱한 사정을 가지고 오는 가장들이 많았기 때문에 나 또한 열과 성을 다하여 하나라도 더 알려드리려고 노력했다.

  하지만 첫 책을 출간한 지 7년이 된 지금, 그들이 전부 경매투자로 경제적 자유를 얻은 것은 아니다. 지금 이 순간에도 경매투자의 가능성을 보고 열심히 움직이는 사람들이 있는가 하면, 그보다 훨씬 많은 사람들이 몇 번 기웃거리다가 다시 일상으로 돌아가버렸다. 경매 강의를 들은 사람들 중 상당수가 본격적인 투자로까지 용기를 내지 못한다는 사실을 깨닫고서 나는 참 안타까웠다. 경매를 통해 인생역전을 경험했다고 해도 과언이 아닌 나에게는 경매만큼 안전하고 수익률 높은 투자가 없는데, 그들은 왜 그렇게 쉽게 포기하는 걸까?

물론 모든 사람이 나처럼 전문 투자자가 될 필요는 없다. 또 모든 사람에게 경매가 적성에 맞는 것도 아닐 것이다. 개인마다 처한 환경이 다르고 능력이 다르기에 나에게 최적화된 투자법이 그들에게도 반드시 최고라고 할 수는 없을 테니 말이다. 하지만 그럼에도 불구하고 여전히 현실의 벽에 막혀 경제적 자유를 찾아 헤매는 사람들을 보면 답답하고 안타깝기 그지없다.

그들이 경매를 중도 포기하는 데는 여러 가지 이유가 있을 것이다. 처음에는 경매로 쉽게 돈을 벌 줄 알았는데, 막상 해보니 생각보다 만만치 않다는 것을 알고 일찌감치 포기한 사람도 있을 테고, 열심히 물건을 검색해서 낙찰까지 받았는데 미처 예상치 못한 변수를 만나 경매와 연을 끊은 사람도 있을 것이다. 하지만 대부분의 사람들은 경매의 가능성을 보기도 전에 그만둔다. 경매를 통해 의미 있는 실적을 거두려면 최소한 반 년 이상은 움직여야 하는데 그들은 그렇게까지 움직이고 싶지 않은 것이다.

초보와 고수는 투자 마인드가 다르다

오랫동안 경매투자를 해오면서 나는 경매 시장에서 꾸준히 수익을 내는 사람들과 그렇지 않은 사람들의 차이는 자금이나 노하우의 문제가 아니라 마인드의 차이라는 생각을 해왔다. 실제로 경매 강의를 들으러 오는 많은 사람들이 언제쯤이면 부동산 시장이 좋아질지를 묻는다. 그들은 부동산 시장이 호황기가 될 때까지 꿈쩍도 하지 않다가 너도나도 부동산에 몰리기 시작하면 그제야 투자를 시작한다. 항상 흠이 없는 물건을 찾고, 그런 물건을 남들보다 낮은 가격에 낙찰받고 싶어 한다. 하지만 한눈에 좋은 물건은 남의 눈에도 좋은 법이다. 그러니 당연히 경쟁률도 높고 낙찰받기도 쉽지 않다. 그래서 그들은 몇 번 입찰을 해보고 나서 이렇게 말한다.

"경매투자로 돈 버는 시대는 이미 지났다."

하지만 고수들은 다르다. 그들은 부동산 시장이 호황이든 불황이든 개의치 않는다. 그들은 오로지 지금 어디에 투자를 해야 수익이 나는가를 생각한다. 경기가 좋으면 좋은 대로 나쁘면 나쁜 대로 투자할 기회는 얼마든지 있고, 그런 틈새시장을 파고들어 수익을 내기 위해 끊임없이 연구하고 움직인다.

그들은 어렵고 복잡한 물건을 회피하지 않고 그런 물건을 통해 어떻게 수익을 낼 수 있는지를 연구한다. 흠을 어떻게 해결하면 좋을지 생각하고 변수가 발생하면 어떻게 대응할 것인지 철저히 계획을 세운다. 그러다 보니 투자 과정에서 여러 가지 변수가 발생해도 두려움 없이 맞설 수 있고, 만족스러운 수익과 함께 무엇과도 바꿀 수 없는 성취감을 보상으로 받는다.

우리 카페 회원들 중에서 꾸준히 실적을 내는 사람들을 보면 모두 다 구체적인 목표가 있었다. '경매를 통해 한 달에 500만 원의 임대수익을 내고 싶다'는 목표를 가진 한 회원은 경매를 시작한 지 일 년 만에 11건을 낙찰받아 수익을 냈고, 지금도 여전히 목표를 향해 나아가고 있다. 그 회원만큼 적극적으로 하지는 않더라도 잊을 만하면 한 건씩 실적을 내는 사람들에게는 각자 나름의 목표가 있었다.

그들은 경매를 통해 몇 십억의 자산가가 되기를 바라는 것이 아니었다. 결혼을 하면서부터 빚더미에 올라앉는 허니문푸어가 되기보다는 결혼 전에 자기 힘으로 내 집 마련을 하고 싶어 했고, 고생하신 부모님께 번듯한 집 한 채를 마련해드리고 싶어 했다. 노후를 보낼 아담한 전원주택을 낙찰받기를 원했고, 퇴직 후를 대비해 연봉만큼 수익을 내는 재테크 기술을 익히고 싶어 했으며, 안정적인 노후를 보내게 해줄 수익형 부동산을 물색하고 다녔다. 말하자면, 그들은 자본이 자본을 낳는 사회구조에 굴복하기보다 경매라는 수단을 통해 그 한계를 극복하고 싶어 했다. 어찌 보면 참 소박하고 단순한 목표일 수도 있다. 하지만 그들에게 경매는 가진 것 없는 자의 '희망', 이것의 다른 이름이었다.

사람들이 많이 몰리는 곳에는 돈이 없다

이처럼 구체적인 꿈이 있는 사람은 구체적으로 움직일 수밖에 없다. 그들은 지금 이 순간에도 여전히 경매투자로 변함없이 수익을 내고 있고 묵묵히 다음 투자를 물색하고 있다. 내가 처음 경매를 배우던 시절에 그렇게 열정적으로 임할 수 있었던 것도 경매를 통해 경제적 자유를 이루겠다는 목표가 절실했기 때문이다. 그 시절, 나에게는 꿈이 있었다. 누구보다 빨리 경제적인 자유를 얻고 싶었고 지긋지긋한 삶의 굴레에서 벗어나고 싶었다. 그러다 보니 누가 시키지 않아도 열심히 움직일 수밖에 없었던 것이다.

경매를 시작한 지 이제 13년. 그동안 참 많은 것들이 변했고 경매 시장 또한 시대에 따라 많은 변화를 겪어왔다. 첫 책을 낸 지 7년이 흐른 지금, 나는 이제 일반 투자자들에게 조금 더 현실적인 희망을 제시해야 할 필요를 느끼고 있다.

이 책은 경매가 괜찮은 재테크 방법이라는 것은 알고 있지만 선뜻 움직이기 어려워하는 일반 투자자들에게 지금보다 더 나은 투자처가 있다는 사실을 알려주기 위해 썼다. 경매를 한두 번 경험해봤지만 결과가 신통치 않아서 포기했거나 매너리즘에 빠진 이들에게 아직도 수익을 낼 틈새시장이 존재한다는 사실을 전하고 싶었다. 무엇보다 팍팍한 현실에서 하루하루 열심히 살아가고는 있지만 더 나아질 수 있다는 희망이 보이지 않는 사람들에게 그래도 희망이 있다는 사실을 알려주고 싶어서 썼다.

이 책에는 13년 동안 전문 투자자로 살아오면서 실전에서 몸으로 부딪치고 지식을 쌓으면서 보완한 나의 투자 노하우가 오롯이 담겨 있다. 무엇보다 첫 번째 책에서 다뤘던 특수물건의 투자 노하우를 상세하게 담으려고 노력했다.

나는 오래전부터 남들이 주목하지 않는 틈새물건에 관심을 가지고 투자를 해왔다. 겉보기에는 흠이 있어 보이고 복잡해 보이는 물건들, 예를 들면 법정지상권과 유치권, 지분 등의 물건에 투자해 꾸준히 수익을 내왔다. 일부에서는 위험하다고 꺼리지만 위험을 피해갈 수 있는 법리적인 지식과 부동산의 가치를 알아볼 수 있는 안목만 있다면 이런 물건에 투자하는 것은 생각만큼 위험한 일도, 어려운 일도 아니었다.

첫 번째 책을 쓸 때도 그런 분위기가 있었지만, 이제는 정말 남들이 다 아는 일반적인 경매투자로는 수익을 내기가 쉽지 않다. 그래서 이 책에서는 일반경매 외에 좀 더 수익을 낼 만한 틈새시장을 찾는 투자자들에게 실전에 필요한 노하우를 전하려고 애썼다. 족집게 과외 교사가 시험에 나올 부분만 콕 짚어서 일러주듯 말이다.

두 번째 책을 내겠다고 하니, 아내는 굳이 그럴 필요가 있느냐고 했다. 강의를 통해 나의 투자 노하우를 전수받은 사람들이 그대로 시장에서 나의 경쟁자가 된다는 것을 알기 때문이다. 하지만 사실 이러한 노하우는 경매 투자자들에게는 그다지 비밀스러운 것도 아니다. 조금만 관심을 갖고 공부하면 저절로 알게 되는 것들이다. 경매 시장의 고수들은 이러한 지식을 바탕으로 자신의 전공 분야 한두 가지를 깊이 파고들어 수익을 창출한다.

나 또한 마찬가지이다. 나는 지금도 여전히 경매 속의 틈새시장을 개척하고 있다. 남들이 일반물건에 몰릴 때 일찌감치 법정지상권과 유치권 등의 특수물건에 투자해 수익을 냈듯이 수익형 부동산이 뜨고 있는 지금도 여전히 새로운 틈새시장을 모색하고 있다. 지금의 경매에서 틈새가 될 수 있는 투자 노하우를 자신 있게 풀어놓을 수 있는 것은, 여전히 내가 투자할 수 있는 시장이 존재하고, 앞으로도 그런 시장을 계속 찾아낼 수 있다고 믿기 때문이다.

이제 부동산 경매는 더 이상 법적 지식을 갖춘 특별한 사람들의 전유물이 아니다. 경매가 일반적인 재테크의 하나로 자리 잡은 지금, 시장에서 꾸준히 만족할 만한 수익을 얻기 위해서는 자신만의 투자 마인드를 가지고 틈새를 개척해야 승산이 있다. 틈새를 개척하는 데 그리 오랜 시간이 걸리는 것도 아니다. 지금 알고 있는 경매 지식에 조금씩 관심 분야의 지식을 축적하면서 영역을 넓혀가면 된다. 그러려면 아파트나 빌라는 부동산 경매의 극히 일부분에 불과하다는 사실을 먼저 이해해야 한다. 주저 없이 영역을 넓혀 경매 시장의 다양한 물건들, 이를테면 상가와 법정지상권, 유치권이나 지분 물건이 무엇인지 알아보고 이러한 물건들의 투자 가능성에 눈을 떠야 한다.

반드시 부동산 경매를 통해서만 경제적 자유에 이를 수 있는 것은 아니지만 내가 가장 잘 알고 있는 부분이고, 그간 이룬 성취가 있기에 그 노하우를 나누는 것도 의미 있는 일이라는 생각으로 부족한 책을 내게 되었다.

나는 무엇보다 독자들이 이 책을 통해 단순히 호프의 특수물건 투자법을 그대로 답습하는 것이 아니라 스스로의 상상력을 발휘해 자기만의 새로운 틈새를 개척하길 바란다. 그래야 변화하는 시장에서 꾸준히 수익을 내는 지속 가능한 투자를 실현할 수 있기 때문이다.

경제적 자유를 꿈꾸는 많은 이들에게 이 책이 지속 가능한 투자의 청사진을 제시하는 포트폴리오가 된다면 더 이상 바랄 게 없겠다.

– 호프(hope) 이승호

차례

CHAPTER 1

누구나 하는 경매로는 역전할 수 없다

CHAPTER 2

공매 : 일반 경매와 꼭 닮은 틈새시장

CHAPTER 3

상가 : 분양받지 말고 경매로 사라

CHAPTER 4

법정지상권 : 고수익을 내는 공격적인 투자

CHAPTER 1

누구나 하는
경매로는
역전할 수 없다

부동산 경매가 끝났다고 하는 이들의 착각

몇 년 전 경매스쿨 카페의 회원 한 분이 고민이 있다며 나를 찾아왔다. 그는 부동산 컨설팅 업체에서 2년 동안 일했던 사람으로 경매에 대해서 알 만큼 아는 사람이었다.

그에게 자세히 얘기를 들어보니 일산의 한 아파트에 투자를 했는데, 52평 아파트를 경락잔금대출(법원 경매나 공매로 낙찰받은 부동산에 대해서 부족한 잔금을 일반담보대출 수준으로 받는 대출) 1억 8,000만 원을 포함해 총 비용 3억 8,000만 원에 매입해서 1억 6,000만 원에 전세를 주었다고 했다. 살 때는 분명히 시세보다 싸게 샀는데, 문제는 아파트 가격이 하루가 멀다 하고 계속 떨어진다는 점이었다. 당시 대형 평형의 경기도 아파트는 급격한 가격 하락을 보이고 있었다.

경매는 낙찰받고 소유권을 이전한 다음 매각하는 데까지 적어도 6개월은 걸린다. 그 사이에 아파트 가격에 영향을 미치는 어떤 일이 벌어질지는 아무도 장담할 수 없다. 그는 떨어지는 아파트 가격에 마음을 졸이다 급기야 같은 평수의 아파트가 급매가 3억 원에 나온 것을 보고 경악하면서 나를 찾아온 것이다.

"대출이자를 감당하기도 어렵고 경매로 매입했던 가격에 팔기도 어렵게 되었는데, 저 이제 어떻게 하면 좋을까요?"

그는 걱정스러운 얼굴로 물었다. 요즘 같은 부동산 불경기에는 아파트에 투자했다가 가격이 떨어지면 대책이 없다. 이런 시기에는 급매가로 내놓아도 매수자를 찾기가 어렵다.

나는 조금 손해를 보더라도 가격을 낮춰서 현재의 세입자에게 넘기는 게 어떻겠느냐고 제안했다. 아파트가 경매로 넘어가면 세입자도 1억 6,000만 원의 보증금을 보전하기가 어려우니 사정을 잘 이야기하면 세입자도 그 제안을 받아들일 것이라고 했다. 결국 그는 아파트를 3억 4,000만 원에 세입자에게 넘기는 것으로 정리를 했다. 경매로 매입한 가격보다 4,000만 원이나 손해를 보고 판 셈이지만, 더 버텼으면 손해는 더 컸을 테니 그나마 잘한 결정이었다.

집값이 갈수록 떨어지는 요즘 같은 불경기에는 일반물건으로는 수익을 내기가 점점 어려워지고 있다. 특히 아파트나 빌라 같은 일반물건은 정부 정책이나 경기의 영향을 많이 받기 때문에 투자에 더욱 신중해야 한다.

사정이 이렇다 보니 사람들은 "이제 경매는 끝났다"고들 말한다. "리스크를 끌어안고 경매로 아파트를 사느니 급매물을 알아보는 게 낫다"라고도 한다. 물론 일부는 맞는 말이다. 하지만 이는 부동산 경매의 일부분만 보고 전부인 양 이야기하는 것이다. 나는 아직도 경매로 돈을 벌고 있으니 말이다.

일반인들은 경매라고 하면 아파트나 빌라 같은 일반물건을 주로 떠올리지만 경매로 수익을 낼 수 있는 방법은 생각보다 훨씬 다양하다. 권리관계가 깨끗한 아파트나 빌라 외에도 권리관계가 복잡한 물건이나 상가, 유치권(타인의 물건을 점유한 자가 이로 인해 생긴 채권의 변제를 받을 때까지 물건을 유치할 수 있는 권리)이 신고된 상가, 법정지상권(토지와 건물의 소유주가 달라서 분쟁 발생 시 건물주가 토지 주인으로부터 건물을 철거당하지 않을 권리)이 성립될 여지가 있는 물건, 공유지분의 일부가 나온 물건 등 경매 시장에는 다양한 물건들이 존재하고, 그중에는 높은 수익을 가져다줄 수 있는 물건들이 얼마든지 있다. 그래서 경매는 아직까지도 내게 매력적인 투자처다.

아파트나 빌라 같은 단순 물건에만 투자했던 사람들에게는 경매 시장은 한물간 투자법에 불과할지 모른다. 하지만 지난 13년간 꾸준히 경매의 틈새시장을 섭렵해온 나에게 그것은 하나만 알고 둘은 모르는 주장일 뿐이다.

경매 시장에는 여전히 다양한 물건들이 존재하고, 이제는 아파트나 빌라처럼 남들도 다 할 수 있는 투자가 아닌 다가구나 상가, 토지 등 자신의 적성에 맞는 물건을 골라 집중적으로 연구하는 방식의 투자가 필요한 시대가 된 것뿐이다. 유치권이면 유치권, 법정지상권이면 법정지상권 등 물건별로 해당 물건에 대한 깊이 있는 이해를 바탕으로 자신만의 투자 노하우를 쌓아가다 보면 지금까지 해왔던 방식과는 차원이 다른 투자가 가능할 것이다.

단순한 경매 물건으로 수익 내기 어려운 이유

경매 강의와 투자를 동시에 하는 입장에서 경매에 도전하려는 이들에게 반드시 하고 넘어가는 이야기가 있다. 경매투자가 흔한 재테크 방법 가

운데 하나로 인식되면서 이제는 권리분석이 쉬운 단순한 일반물건으로
는 수익을 내기가 어려워졌다는 사실이다. 물론 내가 얘기하지 않아도
입찰에서 몇 번 떨어지고 나면 대부분 스스로 깨닫게 된다.

또 경매 컨설팅 업체들이 많아지다 보니 일반물건은 시세와 별 차이
없이 낙찰되는 경우가 많다. 컨설팅 업체에 근무하는 지인의 얘기를 들
어보니 그들의 입장에서야 어쩔 수 없이 입찰가를 높일 수밖에 없다고
한다. 컨설팅 업체는 낙찰이 되어야 수수료를 받을 수 있으니 입찰가를
높이더라도 일단 낙찰받는 것이 우선이라는 것이다. 내가 만일 그들의
입장이라도 그럴 것 같다. 그러다 보니 일반물건의 낙찰가는 갈수록 높
아지고, 이제는 평범한 경매로는 더 이상 수익을 내기가 어려워지게 되
었다.

그렇다면 어디에서 돌파구를 찾아야 할까? 우후죽순으로 생겨나는
컨설팅 업체들이 손을 대지 않는 물건들이 있는데, 바로 법정지상권이
나 유치권, 공장 등 권리분석이 복잡한 특수물건들이다. 이런 물건은 운
좋게 낙찰받는다 하더라도 처리하는 과정에서 문제가 생기면 책임을 져
야 한다. 그러다 보니 컨설팅 업체가 입찰하는 물건은 권리관계가 단순
한 아파트나 빌라가 주를 이룬다. 아파트나 빌라 등의 일반물건이 급매
가 수준에서 낙찰되는 데는 이런 업체들의 경쟁도 하나의 요인으로 작
용하고 있는 것으로 안다.

나는 컨설팅 업체들이 활약하기 전에도 공매, 법정지상권, 상가, 유치
권, 지분 등의 틈새시장에 관심을 가지고 투자해왔다. 잘 모르는 사람들
이나 초보 투자자들이 지레 겁을 먹어서 그렇지 이런 물건이라고 해서
권리분석이 아주 어렵거나 위험한 것은 아니다. 단지 이런 물건은 아파

트나 빌라 같은 일반물건보다 확인해야 할 사항이 많고 법리적인 지식이 필요하기 때문에 선뜻 접근하기가 어려운 것뿐이다. 하지만 조금의 수고만 감수한다면 이런 물건은 일반물건에 비해 낙찰받기도 쉽고 높은 수익을 가져다줄 부동산 경매의 틈새시장이다. 접근하기 어려운 만큼 만족스러운 수익을 보장한다.

어떤 의미에서는 특수물건이 일반물건보다 더 안정적인 투자처라고 할 수도 있다. 일반물건은 시세에 근접하게 낙찰받아 매각하는 데까지 최소 4개월의 시간이 소요되는데, 그 사이 부동산 시장이 어떻게 변할지 아무도 장담할 수 없다. 따라서 애초에 투자할 때 그러한 변수까지 고려해서 보수적으로 입찰가를 산정해야 한다.

하지만 특수물건은 그 특성상 경기의 영향을 적게 받을 뿐 아니라 경쟁률이 낮기 때문에 시세보다 훨씬 싼 가격에 매입할 수 있다. 따라서 예상치 못한 다른 변수가 생기더라도 애초에 싸게 매입했기 때문에 손해를 볼 일이 거의 없다. 그러니 어떤 면에서는 권리관계에서 실수만 하지 않는다면 오히려 특수물건이 일반물건보다 더 안전하다고 볼 수 있다.

그러다 보니 경매 물건을 검색할 때 나는 권리관계가 단순하고 흠이 없는 물건에는 관심을 갖지 않는다. 물론 일반물건 중에도 좋은 물건이 분명히 있겠지만 그런 물건까지 모두 확인하기에는 물리적인 시간이 부족한 것이 사실이다. 실제로 11년 동안 경매투자를 꾸준히 해온 전문 투자자로서 내가 고수익을 낸 물건의 90%는 이런 특수물건이었다. 남들이 안 하는 틈새시장의 물건에 투자했다고 해서 큰 손해를 본 적은 한 번도 없었다. 특수물건도 기본적인 권리관계만 확인하면 위험을 피해갈 수 있기 때문이다.

그래서 나는 특수물건을 노린다

사람마다 장단점이 있을 텐데, 나는 새로운 일을 기획하는 창의력은 조금 부족한 편이다. 대신 이미 검증된 영역에서의 행동력만큼은 누구보다 빠르다. 그래서 검색을 하다가 좋은 물건을 만나면 먹잇감을 발견한 표범처럼 지체 없이 움직인다. 가끔은 그런 결단과 추진력에 스스로도 놀랄 때가 있다.

경매 투자자라면 순간 판단력은 매우 중요한 능력이다. 좋은 물건은 늘 임자가 있기 때문에 조금만 지체하면 남의 것이 된다. 좋은 물건이라는 감이 오면 누구보다 먼저 조사하고 투자해야 나의 것이 될 수 있다. 그동안의 경험으로 봤을 때 짧은 순간의 결정이 실수로 이어진 적도 있지만 매우 좋은 수익으로 돌아온 경우가 대부분이었다.

경매투자를 할 때도 나는 공격적인 투자를 좋아한다. 사실 지금의 경매 시장에서는 공격적인 투자 없이 만족할 만한 수익률을 기대하기 힘든 게 사실이다. 초보 투자자라면 권리가 깨끗하고 흠이 없는 물건을 선호하겠지만, 그러한 물건은 낙찰될 확률도 낮을뿐더러 기껏 낙찰받았다고 해도 좋은 수익으로 이어지기가 어렵다. 그래서 나는 강의를 할 때에 조금 위험해 보일지라도 만족스러운 수익을 보장하는 틈새물건을 찾으라고 강조한다.

물론 틈새물건에 투자할 때는 해당 물건에 대한 지식과 실전 감각을 통해 그 위험을 해결할 능력을 갖추고 있어야 한다. 자신이 해결할 수 있는 위험은 이미 위험이 아니다. 오히려 고수익의 대박 투자 기회가 될 수 있기 때문이다.

내가 틈새물건에 본격적으로 관심을 가지게 된 것은 경매투자를 한 지 채 2년이 되지 않았을 때부터였다. 그때는 나도 일반물건에 주로 투자를 하고 있었는데, 어찌 하다 보니 2주 만에 세 건의 아파트를 낙찰받게 되었다. 세 건을 동시에 진행하려니 은행의 경락잔금대출을 이용한다 하더라도 필요한 자금에서 많이 부족한 형편이었다. 그래도 낙찰을 잘 받았기에 세 건 다 포기하고 싶지는 않았다.

나는 그동안의 경험을 바탕으로 그중 한 건을 빨리 등기에 올려서 바로 매각한 다음에, 그 자금으로 나머지 두 건을 진행할 계획이었다. 당시만 해도 부동산 경기는 매우 좋은 편이어서 금액을 시세보다 조금만 조정해주면 바로 매수인을 찾는 것이 어렵지 않을 것이라고 생각했기 때문이다.

그런데 갑자기 상황이 바뀌었다. 잔금을 아직 납부하지도 않은 상황에서 당시 노무현정부의 첫 번째 부동산규제정책이 발표된 것이다. 이때를 시발점으로 한 달이 멀다 하고 각종 부동산규제정책이 쏟아져 나오기 시작했다. 서울과 수도권 몇 곳을 제외하고는 전국적인 부동산 침체기가 시작된 것이다. 첫 번째 규제책이 나오자마자 그렇게 활활 타올랐던 아파트 시장이 순식간에 얼어붙어 거래가 뚝 끊기고 매물들은 쌓이기 시작했다.

한 건을 먼저 매각해 나머지 두 건을 해결하려던 나의 계획은 도저히 실현 불가능해 보였다. 그렇다고 세 건을 모두 가져가기에는 자금이 턱없이 부족했다. 고민 끝에 그중 한 건은 입찰 보증금을 포기하고서 잔금을 치를 수밖에 없었다.

그때의 경험으로 나는 경기가 갑자기 바뀌거나, 경기가 그다지 좋지 않아도 수익을 낼 수 있는 물건을 찾기 시작했다. 그러다 보니 아파트와 주택 같은 일반물건보다는 법정지상권이나 상가 등의 특수물건에 관심을 갖게 되었다.

나는 지금도 물건을 검색할 때 '위험하고 조심해야 한다', '대항력 있는 세입자(말소기준권리보다 앞서 임차 주택을 점유하고 전입신고를 마친 세입자, 즉 보증금을 받을 때까지 경매 낙찰자에게 대항할 수 있는 세입자를 말한다)가 있을 수 있다', '법정지상권 성립 여지가 있다', '유치권 신고가 되어 있다'라는 감정평가 내용이 있는 물건을 선호한다.

더 단적으로 말하자면, 나는 솔직히 이런 위험이나 주의사항이 하나도 없는 물건이라면 잘 들여다보지도 않는다. 이러한 경고 사항이 붙어 있어야 겁 많은 초보 투자자들을 따돌리고 적은 투자금으로 더 높은 수익률을 기대할 수 있기 때문이다.

또한 이런 물건은 경험이 있는 고수들도 결코 비싸게 입찰하지 않는다. 어차피 경쟁이 적을 걸 알기 때문이다. 따라서 적당한 입찰가를 산정하기만 한다면 이런 물건이야말로 낙찰될 확률도 높고 수익도 만족스러운 부동산 경매의 숨은 보석이라고 할 수 있다.

물론 위험 사항이 있다고 무조건 투자하는 것은 매우 위험하다. 위험한 물건이 가지고 있는 주의사항에 대해 누구보다 면밀하게 조사를 한다음, 말 그대로 주의사항이 그저 주의사항에 불과하고 사실은 위험하지 않다고 판단되는 물건에만 투자를 해야 한다.

모든 정보가 다 공개되고 누구나 쉽게 참여할 수 있는 시장에서는 더이상 매력적인 투자처를 찾기가 어렵다. 어떤 분야에서든 미개척 분야에 발 빠르게 도전하는 것만이 무한 경쟁 시장에서 살아남을 수 있는 방법이다. 내가 부동산 경매의 틈새시장을 강조하는 것은 바로 이런 이유 때문이다.

여전히 골드마인은 남아 있다

누구나 퇴직할 시기가 다가오면 생각이 복잡해진다. 한때는 해당 분야의 엘리트였지만 이제는 새로운 기술을 가진 후배들에게 그 자리를 내주어야 한다. 그럴 때 엄습하는 불안감은 상상 이상이다. 그래서 사람들은 퇴직 후에도 안정적인 생활을 할 만한 수입처를 마련하기 위해 열심히 여기저기 기웃거린다. 나도 가끔은 이 불확실한 세상에서 하루아침에 빈털터리가 된다면 어떻게 재기할 수 있을지 생각해보곤 한다. 그럴 때 위안이 되는 것은 지금껏 해왔던 경매가 내게는 재기의 발판이 되어줄 것이라는 확신이다.

노후를 위한 나의 재테크 수단은 변함없이 부동산 경매가 될 것이다. 나는 지금도 경매 속의 틈새시장을 꾸준히 개척하고 있다. 이는 마르지 않는 나의 종자돈의 근원이자 든든한 텃밭이다.

처음 경매를 시작할 때는 나도 여러 사람들과 함께 배우며 투자를 시작했다. 하지만 그들 중에 지금까지 경매투자를 함께하고 있는 사람은 많지 않다.

그런데 지금도 변함없이 투자를 하고 좋은 수익을 내고 있는 투자자 중에 유 사장님이라는 분이 있다. 그는 젊은 시절에 개인 사업을 하다가 잘되지 않아서 경매 시장에 뛰어들었다고 한다. 50대부터 경매를 시작했는데, 지금은 임대수익을 내는 소형주택만 200여 개를 보유하고 있는 자산가이다. 경매투자를 통해 변함없이 수익을 내는 마르지 않는 샘을 찾은 것이다.

나는 법정지상권 물건에 대해 검토할 일이 생기면 늘 유 사장님을 찾곤 한다. 그만큼 그는 법정지상권 분야에서 실전에 능한 전문가이기 때문이다. 보유한 부동산에서 나오는 임대수입만 해도 만만치 않을 텐데 그는 여기에 안주하지 않는다. 한동안 소형 임대수익 물건에 집중하더니 요즘은 유치권 물건에 심취해 있다. 웬만한 유치권 관련 내용은 이미 습득한 상태이고, 최근에도 부산의 유치권 물건에 투자해 좋은 수익을 내고 잘 마무리했다.

나는 유 사장님을 만나 이야기를 나누는 것이 즐겁고 늘 기대가 된다. 경매는 단순히 권리분석만 잘한다고 해서 되는 것이 아니다. 나아가 법리적인 지식과 실전 경험을 바탕으로 수익을 창출할 수 있는 상상력을 발휘하는 것이 중요하다.

그런데 유 사장님과 만나 대화를 하다 보면 그런 통찰을 접할 수 있다. 그는 나이는 많지만 생각하는 방식이나 창의력 면에서 나보다 훨씬 탁월하고 유연한 식견을 가지고 있다. 그래서 나는 유 사장님과 함께 경매의 새로운 투자 방식에 대해 의견을 주고받는 것이 매우 생산적이고 소중하다고 느낀다.

내가 처음 경매를 시작했을 때도 그랬지만 지금도 경매 속에는 여전히 틈새시장이 존재한다. 하지만 한 번 틈새시장이 영원한 틈새시장인 것은 아니다. 틈새물건의 투자 노하우가 많은 사람에게 공개되면 그만큼 틈새시장은 좁아지게 된다. 예를 들어, 일반물건으로도 수익이 나던 시절에는 권리분석이 조금만 복잡한 물건이어도 틈새시장이 될 수 있었다. 내가 처음 경매를 시작할 즈음에는 법정지상권 물건이 틈새시장이었지만 투자자들이 몰린다면 법정지상권 물건도 더 이상 틈새가 될 수 없을 것이다.

경매투자에서 고수는 권리분석은 기본이고 해박한 법리적 지식과 함께 얽힌 문제를 풀어 꾸준히 수익을 내는 사람일 것이다. 내가 경매투자를 통해 매번 수익을 낼 수 있었던 것은 늘 해오던 안정적인 투자에 머물지 않고, 끊임없이 새로운 시장을 개척해왔기 때문이다. 꾸준히 수익을 내는 투자자로 남으려면 시장 상황에 발 빠르게 대처하여 자기만의 틈새시장을 발굴해야 한다. 그 핵심은 단순히 권리분석에 능한 것이 아니라 물건의 종류에 따라 수익을 내는 방식을 이해하고 자기만의 전문 분야를 만들어가는 데 있을 것이다.

경매를 통해 돈을 버는 시대는 지났다고 말하는 사람들은 대부분 새로운 틈새를 찾지 못하고 과거의 투자 방식에 머물러 있는 사람들이다. 어느 분야나 마찬가지겠지만 과거의 방식이 더 이상 통용되지 않는다면 창의력과 혁신으로 새로운 방식을 찾아나서야 한다.

분명한 것은 세상에 트렌드가 존재하듯 부동산에도 틈새시장은 앞으로도 꾸준히 진화하고 발전해갈 것이라는 사실이다. 그래서 유 사장님과 나는 멈춰 있지 않고 경매 속의 또 다른 틈새시장을 찾아 연구하고 끊임없이 공부하고 있다. 그래야 도태되지 않고 살아남을 수 있기 때문이다.

일찌감치 틈새시장을 개척하고 전문 분야를 만들다 보니 나는 남들이 하지 않는 특수물건, 권리관계가 복잡한 물건 속에서 좋은 수익을 낼 만한 알짜 물건들을 찾을 수 있게 되었고, 여전히 수익을 내는 경매 투자자로 남을 수 있게 되었다.

이 책에서 나는 그간 경매 시장에서 직접 개척해온 틈새시장을 하나하나 소개하고, 13년 동안 차곡차곡 쌓아온 투자 노하우를 남김 없이 밝힐 예정이다.

CHAPTER 2

공매
일반 경매와 꼭 닮은
틈새시장

내 투자의 7할은 공매 물건이었다

지금은 법정지상권 물건에 집중적으로 투자를 하고 있지만, 법정지상권에 본격적으로 관심을 갖기 전까지 내 입찰 건의 70%는 공매 물건이었다.

공매란 대부분이 세금 체납으로 생긴 압류재산을 공개 매각하는 것으로, 내게는 단점보다 장점이 많은 투자 방식이었다. 실제로 공매와 경매의 기본적인 투자 원리는 같다. 다만 시행하는 기관이 다르다 보니 절차상의 차이가 있을 뿐이다. 따라서 경매의 지식을 어느 정도 알고 있다면 공매도 그리 어렵지 않게 시도할 수 있다. 처음부터 공매 따로, 경매 따로 공부할 필요 없이 기존에 알고 있던 투자 방식에 관련 지식의 일부만 추가한다는 마음으로 접근하면 쉽다.

내가 공매 물건에 관심을 가지게 된 것은 공매가 경매보다 경쟁률이 낮고, 낮은 가격에 낙찰받을 수 있기 때문이었다. 확실히 공매투자를 해보면 경매보다 경쟁이 덜하다는 것을 체감할 수 있다.

공매의 경쟁률이 낮은 이유 중 하나는 경매 고수들이 인터넷에 익숙한 세대가 아니기 때문이다. 내가 만나본 경매 고수들 중에는 공매가 번거롭다는 편견을 가지고 있는 이들이 더러 있었다. 그들은 대개 경매를 오랫동안 해왔던 50대 이후의 세대로, 현장 감각이나 권리분석 능력은 매우 뛰어나지만 인터넷으로 입찰하는 것을 부담스러워하는 경향이 있었다. 또 경매 물건에 투자하기에도 시간이 모자라 굳이 공매까지 관심을 가질 필요성을 느끼지 못했다.

초보 투자자들 중에는 경매도 아직 잘 모르는데 공매까지 할 여력이 없다고 말하는 이들이 많았고, 공매 물건에 대한 분석 자료를 제공하는 사이트가 많지 않아 쉽게 접근하기 어려워한다. 이처럼 경매 고수들과 초보 투자자들이 경쟁에 참여하지 않으니 공매의 경쟁률이 경매보다 낮아질 수밖에 없다.

이는 낙찰가만 보아도 확연히 드러난다. 가끔 경매로 나온 물건이 공매로 동시에 진행되는 경우가 있는데, 낙찰 결과를 확인해보면 공매의 낙찰가가 경매보다 10~20% 정도 낮다는 사실을 확인할 수 있다. 낙찰가가 낮다는 것은 그만큼 수익률이 높아진다는 것을 의미한다. 저렴하게 낙찰받은 만큼 수익으로 연결되기 때문이다.

내가 10년 전에 첫 입찰을 통해 낙찰받은 아파트 역시 공매 물건이었다. 지금 생각해보면 초보 투자자가 첫 입찰에서 운 좋게 낙찰받을 수 있었던 것도 지방의 아파트가 공매로 나왔기 때문이었던 듯하다. 그때부터 나는 남들이 다 하는 법원경매보다는 경쟁자들의 관심이 덜한 공매 물건에 관심을 가지고 집중적으로 투자해왔다.

실제로 투자를 해보면 법원경매와 공매는 사실상 차이가 없다. 단지 몇 가지 절차상의 차이가 있을 뿐 투자자들이 염려하는 등기부등본상의 권리분석이나 세입자의 권리관계 등은 대부분 동일하게 진행된다. 그런데도 공매에 관심을 가지는 사람들이 많지 않으니 나 같은 투자자들에게는 공매가 그 자체로 틈새시장이 될 수 있었던 것이다.

회사 다니면서 공매로 재테크하는 법

우리 경매스쿨 카페에는 30~40대 직장인 회원이 많은 편이다. 경매가 대중화되면서 하나의 재테크 수단으로 인식되다 보니 직장인 투자자들이 꾸준히 늘고 있다. 이전 세대와 달리 요즘 직장인들은 컴퓨터를 자유자재로 다룰 줄 알기 때문에 경매투자를 하기가 한층 수월해졌다.

실제로 카페 회원 중에는 평일에는 직장생활을 열심히 하고 주말에 임장(臨場)을 다니면서 매물을 찾는 부지런한 회원들이 꽤 있다. 자영업을 하는 회원 중에도 성수기에는 본업에 충실하고, 시간적 여유가 있는 비수기에 집중적으로 경매투자를 하는 이들을 심심치 않게 볼 수 있다. 그들은 일하는 틈틈이 경매 물건을 검색해서 관심 물건을 골라놓은 다음, 하루 일과를 마친 다음이나 쉬는 날을 이용해 권리분석을 하고 임장을 다니는 식으로 투자를 한다.

요즘은 인터넷 포털 사이트의 지도 검색 서비스가 매우 정교하게 제공되기 때문에 관심이 가는 물건을 확인하기도 쉬워졌다. 위성지도를 통해 진입로와 주변 정보뿐 아니라, 운이 좋으면 매물을 사진으로 직접 확인할 수도 있다. 이처럼 인터넷으로 어느 정도 물건 분석이 가능하다 보니 반드시 임장해야 할 물건을 추리기도 쉬워졌고, 시간을 더욱 효율적으로 쓸 수 있게 되었다.

특히 공매는 직장에 매여 시간을 마음대로 내기 어려운 직장인들에게 매력적인 투자 방식이다. 공매의 특성상 직장생활을 하면서도 충분히 투자할 수 있기 때문이다. 무엇보다 공매투자는 입찰을 인터넷으로 한다는 것이 가장 큰 장점이다. 보통 경매 물건에 입찰할 때는 평일에 해당 물건 소재지에 있는 법원까지 찾아가서 현장 입찰을 해야 한다. 이는 직장인들에게 여간 부담스러운 것이 아니다. 낙찰받는다는 확신도 없이 매번 관심 물건에 입찰하기 위해 휴가를 낼 수도 없는 일이고, 현장 입찰을 위해 반나절 이상을 투자하다 보면 정작 중요한 본업인 직장생활에도 부정적인 영향을 끼칠 수밖에 없다.

반면 공매는 공인인증서만 있으면 언제든 정해진 기간 내에 온비드 사이트(www.onbid.co.kr)에 접속해 입찰을 하면 되기 때문에 직장인들에게는 한결 수월한 투자 방식이라 할 수 있다. 직장생활을 하는 틈틈이 관심 물건을 저장해두었다가, 퇴근 후에 권리분석을 하고, 주말을 이용해 임장을 하는 방식으로 충분히 투자할 수 있기 때문이다.

물론 직장생활을 하면서 투자를 병행한다는 것이 말처럼 쉬운 일은 아니다. 업무 스트레스에 시달리면서 생소한 경매 공부에 매달려야 하고, 퇴근하고 나서 피곤한 몸을 이끌고 복잡한 권리분석을 해야 한다. 하지만 집값은 비싸고, 물가는 오르고, 결혼과 자녀양육 등 요즘 직장인들은 월급만으로는 현재를 살아가는 것도 빡빡하다. 거기에 미래를 대비할 다른 돌파구가 없다면 직장생활과 병행할 수 있는 재테크를 고민하는 것이 당연한 수순일 것이다.

공매는 경매보다 물건의 수는 적지만 여유를 가지고 꾸준히 검색하다 보면 투자가치가 있는 물건을 충분히 찾을 수 있다. 또 경매에 비해 진행 속도가 빠르고, 낙찰 결정문을 인터넷 사이트에서 바로 확인할 수 있어 편리하다. 경매와 달리 자산관리공사에 관련 서류를 제출하면 등기가 가능하므로 여러모로 직장인들에게 편리한 투자 방법이라고 할 수 있다.

호프의 경매스쿨 카페가 생긴 지 이제 8년이 됐다. 카페 회원들 중에도 바쁜 직장생활 중에 한 건 두 건 낙찰의 기쁨을 맛본 사례가 점점 늘고 있다. 공매로 낙찰받은 물건을 처리해서 이미 차익을 냈거나 계속 보유하면서 임대수익을 얻고 있는 회원들은 투자의 가치를 새삼 확인했다고 입을 모은다.

물론 한두 번의 성공으로 당장 회사를 그만두고 투자에 뛰어들어야 할 것 같은 조바심을 느끼는 이들도 더러 있으나 대부분은 경매투자가 서두른다고 될 일이 아니라는 것을 안다. 오히려 일 년에 한 건을 낙찰받더라도 좋은 수익을 낼 수 있는 보석을 찾는 게 중요하다는 사실을 인식하고 꾸준히 기회를 엿보고 있다. 그런 이들에게 공매는 직장을 다니면서도 충분히 가능하고, 편리하게 입찰할 수 있는 매력적인 투자 방식이다.

호프의 공매 따라잡기

공매는 국가기관이 국세 및 지방세 등의 세금을 체납한 체납자의 재산을 압류한 후 체납된 세금을 받기 위해 한국자산관리공사(KAMCO)에 매각을 의뢰해 공개로 매각하는 입찰 방식이다.

경매는 법원을 통해서 실시하고, 공매는 한국자산관리공사에서 실시한다. 경매는 국가기관인 법원이 채무자에게 채무를 변제하도록 강제하는 절차이고, 공매는 공공기관이 법적으로 처리해야 하는 물건을 일반인에게 공개 매각하는 절차라고 할 수 있다. 즉, 절차는 비슷하지만 집행기관이 다른 셈이다.

한국자산관리공사는 인터넷의 온비드 시스템을 통해 의뢰받은 물건을 공개 매각한다. 매각 물건에는 크게 압류재산, 유입자산, 수탁자산이 있는데, 압류재산은 세금을 체납하여 매각에 부쳐진 물건으로 보통 공매 물건이라고 하면 이런 압류재산을 의미한다. 유입자산이란 한국자산관리공사가 매입한 부실채권을 매각하는 것이고, 수탁자산은 금융기관이나 기업체가 소유한 물건을 한국자산관리공사에 매각을 의뢰해 나온 물건이다.

유입자산과 수탁자산은 자산관리공사나 금융기관 등이 소유한 물건을 공개로 매각하는 것이므로 대부분 권리관계가 깨끗하고 명도의 어려움이 없어 따로 권리분석을 할 필요가 없다. 이런 물건은 낙찰된 후에도 취득자의 명의를 변경할 수 있고, 매각을 의뢰한 기관과 협의해 매입대금을 분할로 납부할 수도 있다. 만약 매각을 의뢰한 기관이 금융기관이라면 대출도 가능하다. 하지만 이런 물건은 의뢰한 기관이 최저금액을 정해놓고 매각을 진행할 뿐 아니라 최저금액 이하로는 더 이상 매각을 진행하지 않기 때문에 투자자들에게는 그다지 매력적인 물건이 아니다.

반면 압류재산은 법원경매 물건처럼 낙찰될 때까지 계속 유찰되어 감정가격의 25%까지 진행한다. 이렇게 시세보다 싸게 매입할 수 있으므로 투자가치가 있는 것이다.

실제로 온비드 사이트를 이용해보면 유입자산과 수탁자산 물건이 압류재산보다 훨씬 많다는 것을 알 수 있다. 하지만 나는 주로 압류재산에 집중해서 검색을 한다. 공매 강의를 할 때도 대부분 압류재산을 염두에 두고 설명하고 있다. 압류재산이 가장 투자가치가 있는 물건이기 때문

이다.

　예전에는 지방자치단체나 공공기관이 자체적으로 공매를 실시하는 경우도 있었지만, 최근에는 대부분의 기관들이 자산관리공사에 위임하여 매각을 진행하고 있으므로 온비드 사이트를 잘만 활용한다면 투자가치가 있는 공매 물건을 충분히 찾을 수 있다.

　공매는 온비드 사이트를 통해 물건의 정보가 제공된다. 온비드는 한국자산관리공사가 운영하는 공매 입찰 사이트로서, 지방자치단체나 국가기관, 금융기관 등에서 자산관리공사에 매각을 의뢰한 물건들의 정보를 제공한다. 따라서 온비드 사이트만 잘 활용해도 얼마든지 성공적인 투자가 가능하다.

　한국자산관리공사는 법원과 달리 현장 입찰을 하지 않고 대부분 온비드 사이트를 통해 경매 절차를 진행하고 있다. 따라서 공매 입찰을 하려면 온비드 사이트에 반드시 가입해야 한다. 온비드 사이트는 누구나 무료로 가입할 수 있고, 법인도 동일하게 회원가입을 한 다음 입찰에 참여할 수 있다.

온비드 사이트에 가입하면 진행 중인 모든 공매 물건을 검색할 수 있다. 직접 입찰에 참여하려면 회원가입 후 자신의 공인인증서를 등록해야 한다. 이때는 4,400원을 내고 입찰이 가능한 범용공용인증서를 발급받아 등록하면 된다.

필요한 물건을 맞춤 검색한다

온비드는 자산관리공사에서 무료로 제공하는 사이트이다. 따라서 아무래도 유료인 경매 사이트보다는 정보가 떨어질 수밖에 없다. 따라서 공매 물건을 검색할 때는 해당 부동산의 등기부등본을 투자자가 직접 떼어보아야 하고, 임대차 계약에 대한 사실 관계도 직접 확인해야 하는 번거로움은 있다.

하지만 사실 권리분석을 다른 사람이 해준다 하더라도 그 사람이 투자의 책임을 지지는 않기 때문에, 투자자 본인이 직접 권리분석을 하는 것이 안전하다는 점을 감안한다면 이 정도는 단점이라고 보기 어렵다. 당연히 유료 경매 사이트에서 제공하는 정보에 대해서도 관련 사이트에서 책임을 지는 것은 아니므로 참고만 할 뿐 사실 관계는 투자자 본인이 직접 확인하는 것이 좋다.

검색 기능의 경우, 온비드 사이트의 기능이 유료 경매 사이트 못지않게 편리한 편이다. 특정 지역의 물건, 감정가와 유찰된 횟수, 유치권이나 법정지상권 등 조건을 다양하게 조합하여 검색할 수 있기 때문에 관심 있는 물건을 찾기가 수월하다. 또 관심 물건을 따로 모아 저장해둘 수 있고, 나중에 다시 찾아보기도 편리하다.

권리분석은 직접 한다

기본적인 경매 정보는 대법원 사이트에서 확인할 수 있고, 공매 정보는 온비드 사이트에서 확인할 수 있다. 그런데 경매 물건은 대법원 사이트보다 유료 경매 사이트가 제공하는 정보가 충실하고 검색도 용이하기 때문에 대부분의 투자자들이 유료 사이트를 애용한다. 반면 공매 물건은 온비드 사이트에서 정보를 제공하는데, 유료 경매 사이트보다는 물건 정보가 충실하지 않은 편이므로 투자자들이 직접 확인해야 할 사항이 많다. 다시 말해, 공매의 경우 권리분석은 직접 한다는 원칙을 갖도록 하자.

경매는 법원 집행관실에서 직접 현장을 방문해 현장조사서를 작성한다. 이 조사서를 통해 점유자에 관한 부분을 어느 정도 파악할 수 있고, 임대차 금액과 부동산 상태 등도 확인할 수 있다. 하지만 공매는 매각 공고를 통해 감정평가서의 내용만 확인할 수 있기 때문에 임대차 현황과 같은 권리관계를 파악하기가 쉽지 않다. 따라서 공매 물건에 관심 있는 투자자라면 등기부등본을 직접 떼어보고, 임대차 관계를 확인하는 등 좀 더 적극적인 조사가 필요하다. 경매보다는 직접 확인해야 할 사항이 많은 셈이다.

물론 관심이 있는 물건마다 일일이 등기부등본을 떼어보고 권리분석을 하는 것이 귀찮게 여겨질 수도 있다. 하지만 경매투자는 남들이 보지 못하는 물건의 가치를 판단하는 것이 곧 수익과 직결된다. 또 어떤 점에서는 이렇게 귀찮고 불편한 부분이 있기 때문에 공매가 틈새시장이 될 수 있는 것이다. 공매의 단점을 기꺼이 감수하고 관심 물건의 등기부등본을 열람하고 발품을 팔다 보면 남들이 보지 못하는 권리관계의 힌트를 얻을 수 있다. 그러니 발품 파는 것을 아깝게 생각할 일이 아니다.

나는 관심 물건의 정보와 등기부등본을 출력해서 가지고 다니면서 틈날 때마다 수시로 확인하는 것을 좋아한다. 그러다 보면 남들이 보지 못한 물건의 가치를 확인할 수 있고, 그것이 늘 좋은 수익으로 이어진다는 것을 알기 때문이다.

경매 사이트에서 정보를 보완한다

공매는 기본적으로 온비드 사이트에서 매각 물건의 정보를 제공한다고 했다. 물론 최근에는 유료 사이트에서 공매 물건의 정보까지 제공하는 곳이 생겼지만, 경매 정보에 비하면 아직은 부족한 편이다.

그런데 공매가 진행되는 물건이 동시에 경매도 진행되는 경우가 종종 있다. 이런 경우에는 유료 경매 사이트를 활용하면 물건 분석을 하는 데 도움이 된다. 공매 물건이 경매로 동시에 진행되고 있는지를 확인하기 위해서는 해당 부동산의 등기부등본에 '경매기입등기'가 되어 있는지 여부를 확인하면 된다. 경매가 동시에 진행되고 있다면 경매 정보지나 경매 사이트를 통해서 부족한 정보를 보완할 수 있다.

특히 공매는 경매보다 진행 속도가 빠르고 낙찰가가 낮은 편이기 때문에 필요한 정보는 경매 정보지에서 확인하고, 입찰은 공매로 한다면 더 만족스러운 투자가 될 수 있을 것이다.

공매 물건에 입찰하려면 온비드 사이트에서 지정된 기일 내에 입찰서를 제출하면 된다. 입찰할 때는 입찰 보증금의 환불계좌번호와 입찰 금액을 입력하여 입찰서를 제출한 다음, 전자서명절차에 따라 입찰 보증금을 납부하면 된다. 입찰 보증금은 입찰가의 10%를 입찰 마감시한 내에 납부해야 한다.

입찰서 제출 후 집행이 완료된 입찰 건에 대해서는 역시 온비드 사이트를 통해 결과를 확인할 수 있다. 낙찰받으면 해당 담당자와 통화한 후 이후의 절차를 밟으면 되고, 낙찰받지 못했을 때는 등록한 환불계좌로 입찰보증금을 환불받으면 된다.

공매, 경매와 무엇이 다를까

경매는 민사집행법에 의해, 공매는 국세징수법에 의해 집행되는 공개 입찰 방식으로 입찰 절차가 매우 비슷하다. 따라서 어느 정도 경매 지식이 있는 투자자라면 공매도 어렵지 않게 시작할 수 있다. 다만 입찰 방식이나 진행 절차에서 소소한 차이가 있으므로 그러한 부분만 기억해두면 된다.

공매는 인터넷 입찰 방식으로 진행된다

우선 법원경매는 지정된 날짜에 해당 법원에 직접 방문해서 최저 입찰가의 10분의 1에 해당되는 입찰 보증금을 내고 입찰을 한다. 입찰이 마감되면 바로 개찰해서 최고가매수신고인을 정하고, 만약 입찰자가 없으면 최저가격에서 20~30% 줄어든 가격을 최저매각가격으로 하여 약 한 달 후에 다시 매각이 진행된다. 최고가매수신고인으로 선정되면 일주일 후에 매각허가결정이 나고 다시 일주일 후 매각허가확정이 나면 잔금납부기일이 정해진다. 잔금납부기일은 일반적으로 매각허가결정일로부터 1개월 이내이다.

반면 공매는 현장 입찰을 하지 않고 인터넷으로 전자 입찰을 한다. 월요일 오전 10시부터 수요일 오후 5시까지 언제든 한국자산관리공사 온비드 사이트에 접속하여 입찰서를 제출하면 되고, 지정된 계좌에 입찰가격의 10분의 1에 해당하는 입찰 보증금을 입금하면 입찰이 완료된다. 입찰 결과는 목요일 오전 11시에 역시 온비드 사이트를 통해 확인할 수 있다.

만일 입찰자가 없어서 유찰이 되면 그다음 주에 바로 최초 입찰가격에서 10%가 떨어진 가격을 시작으로 다시 입찰이 진행된다. 낙찰자로 결정되면 그다음 주 월요일 오전 10시에 매각허가결정문을 온비드 사이트를 통해 수령하게 된다. 공매는 경매와 달리, 낙찰가가 3,000만 원 미만일 경우에는 7일 이내에, 3,000만 원 이상일 경우에는 30일 이내에 매각 잔금을 납부해야 한다.

공매는 진행 속도가 빠르다

경매는 유찰되면 약 한 달 간격으로 감정가의 20~30%씩 차감된 가격으로 매각이 진행되는데, 공매의 경우는 유찰 시 감정가에서 10%씩 가격이 떨어지면서 일주일에 한 번씩 매각이 진행된다. 또 유찰가격이 감정가의 절반 가격에 이르렀을 때에는 다음 매각 절차를 진행하지 않고, 한두 달 후에 절반 가격에서 다시 10%씩 유찰된 가격으로 매각 절차가 재개된다.

이처럼 일주일에 한 번씩 입찰이 진행되다 보니 공매는 약 한 달 사이에 매각이 완료되는 경우가 많다. 그만큼 진행 속도가 빠르다는 의미이다. 간혹 공매와 경매가 동시에 진행되는 물건이 있는데, 이때는 공매로 낙찰받는 것이 여러모로 유리하다. 공매가 경매보다 진행 속도가 더 빠르기 때문에 경매로 매각되기 전에 공매로 먼저 낙찰받아 바로 잔금을 납부하면 경매는 저절로 취소된다.

공매는 경매보다 입찰가를 산정하는 것도 수월하다. 보통 경매는 한 달에 한 번씩 입찰가의 20~30%씩 가격이 떨어지기 때문에 유찰 폭이 큰 편이다. 반면 공매는 일주일에 한 번 10%씩 떨어지므로 경매보다 유찰 폭이 좁다.

일반 투자자들은 입찰가를 산정할 때 지난번 입찰가격보다는 낮게 쓰려는 경향이 있다. 따라서 지난번 입찰가격이나 그 이상으로 입찰가를 써내면 낙찰받을 확률이 높아진다. 공매는 유찰되는 가격의 범위가 좁기 때문에 지난번 입찰가까지 올려 써도 큰 부담이 되지 않는다는 점에서 입찰가 산정이 경매보다 훨씬 수월하다고 할 수 있다.

공매에는 인도명령제도가 없다

공매투자에 관심 있는 초보 투자자들이 가장 부담스러워하는 것 중의 하나가 공매에는 인도명령제도가 없다는 사실이다.

법원경매는 낙찰자가 해당 부동산을 손쉽게 인도받기 위해 법원에 인도명령을 신청할 수 있다. 인도명령신청을 하면 대항력이 없는 점유자의 경우, 2주 후에 법원의 인도명령 결정이 내려지고 2개월 안에 명도(점유자가 집을 비워주는 것) 집행이 이뤄진다. 적어도 3개월 안에 명도까지 마무리할 수 있는 셈이다.

하지만 공매는 인도명령제도가 없기 때문에 점유자와 합의가 되지 않을 경우, 법원에 정식으로 명도소송을 제기해야 한다. 초보 투자자에게는 소송을 해야 한다는 사실 자체가 달가운 일이 아닐 것이다. 게다가 한 번 소송이 진행되면 법원의 판결이 나올 때까지 최소 4개월 이상의 시간이 소요되므로 부담스러울 수밖에 없다.

하지만 이는 이론상의 문제일 뿐 실제로 공매투자를 해보면 명도 절차가 경매와 크게 다르지 않다. 경매에 인도명령제도가 있다고 해서 모든 점유자를 수월하게 내보낼 수 있는 것은 아닌 것처럼 공매에 인도명령제도가 없다고 해서 명도가 생각만큼 어려운 것도 아니다. 오히려 명도에서 중요한 것은 얼마나 원만하게 점유자와 합의점을 찾아 나가느냐하는 것이다.

나 또한 공매투자를 하면서 점유자를 내보내기 위해 명도소송을 한 적은 있지만 법원에서 판결을 받고 실제 집행까지 간 경우는 단 한 번도 없었다. 늘 점유자를 만나 상황을 설명하고 법적 절차를 이해시킨 다음, 서로 적당한 선에서 합의를 보았다. 해결하는 데 걸리는 시간 또한 경매투자와 크게 다르지 않았다. 따라서 공매투자에서도 낙찰자가 상황에 따라 필요한 조치를 적절하게 취하기만 한다면 명도가 그리 어려운 것은 아니다.

부동산 불황기, 일반물건의 틈새들

공매투자에 대해 어느 정도 설명이 되었으니 이제 공매로 투자할 수 있는 물건들에 대해 알아보자. 사실 공매 물건이나 경매 물건이나 물건 자체에는 큰 차이가 없다. 다만 세금 체납 때문에 진행되는 공매의 특성상 경매보다 규모가 작은 일반물건들이 많기 때문에 초보 투자자들이 도전하기에 더 수월하다.

요즘의 경매 시장에서 아파트에 대한 투자가치는 점점 약해지고 있다. 실거래가 신고, 양도소득세, 실수요자와 컨설팅 업체의 경쟁으로 아파트에 투자해서 수익을 내기가 전보다 훨씬 어렵다. 특히 권리관계가 깨끗한 아파트는 경쟁률이 높아서 낙찰받기도 어려운 데다 낙찰가도 높은 편이어서 투자자에게는 그다지 매력적인 물건이 아니다.

그래서 나는 경매 물건을 검색할 때 단순하게 권리관계가 깨끗한 물건은 좀처럼 검색하지 않는다. 내가 주로 검색하는 물건은 권리관계가 복잡하거나 흠이 있는 특수물건이다. 그런 물건을 잘 살펴보면 겉보기와는 달리 별 문제가 없거나 충분히 해결할 수 있는 문제들인 경우가 흔하기 때문이다.

물건을 검색할 때도 단순하게 한 가지 조건으로 검색하지 않고, 다양한 방식으로 키워드를 조합한다. 예를 들어, 빌라나 아파트 물건을 검색할 때는 '선순위임차인'이라는 조건을 하나 더 넣어서 검색하고, 상가를 검색할 때는 유치권이 있는 상가만 검색하는 식이다. 이렇게 난이도를 조금씩 높여가다 보면 본인이 자신 있는 전문 분야를 구축할 수 있고, 경매 시장에서 꾸준히 수익을 낼 자기만의 틈새시장을 만들어갈 수 있다.

만약 최근의 경매 시장에서 아파트나 빌라 같은 일반물건을 통해 수익을 내고 싶다면 권리관계가 조금 복잡하더라도 그로 인해 좀 더 싸게 매입할 수 있는 물건을 골라야 한다. 일반물건 중에서는 선순위가장임차인 물건이 그러한 틈새 물건들 중 하나라고 할 수 있다.

　선순위가장임차인 물건이란, 쉽게 말해 실제 임차인이 아닌 임차인을 둔 물건을 일컫는다. 즉, 건물 소유자와 친인척 관계에 있는 사람이 소유자와 임대차 계약 없이 무상으로 해당 부동산에 살고 있다가 부동산이 경매로 넘어가자 소유자와 담합하여 임차권을 주장하는 물건을 말한다.

　이런 경우 권리분석상 부동산 점유자가 선순위임차인으로 보이기 때문에 임차 보증금을 떠안을 수 있으므로 웬만한 투자자들은 이런 물건에 입찰하는 것을 꺼린다. 하지만 등기부등본상 선순위임차인으로 보인다 할지라도, 내막을 잘 살펴보면 실제 임차인이 아닌 경우가 있다. 그럴 때는 시세보다 싸게 매입할 수 있으므로 충분히 좋은 투자처가 되는 것이다.

　또 하나, 투자 목적이 아니라 실수요로 주택을 매입하고자 한다면 경매를 통해 시세보다 조금 저렴하게 매입하는 것도 괜찮은 방법이다. 경기가 좋을 때는 투자금이 부족해도 무리하게 부동산을 매입하는 사람들이 많지만 요즘 같은 불경기에는 괜찮은 물건도 터무니없이 낮은 가격까지 유찰되는 경우가 종종 있다. 이런 주택이나 아파트를 골라 시세보다 저렴하게 구입한다면 내 집 마련을 좀 더 앞당길 수 있을 것이다.

　얼마 전, 지방의 한 아파트가 경매로 나온 적이 있었다. 32평으로 감정가는 2억 1,000만 원으로 최저가가 7,000만 원까지 떨어진 상태였고, 아파트의 임대가는 9,000만 원 선에 형성되어 있었다. 지난번 입찰가격은 1억 원 정도였는데, 그때는 아무도 입찰하지 않아서 유찰되었다가 최저가가 7,000만 원까지 떨어지자 30명이 입찰해서 1억 3,000만 원에 낙찰되었다.

경매투자를 하다 보면 이런 경우를 종종 목격한다. 요즘처럼 투자자들이 좋은 물건에 쏠릴 때는 더욱 그렇다. 만일 지난번에 누군가 이 아파트를 최저가에 입찰했다면 1억 원에 단독으로 낙찰받았을 것이다. 그런데 그때는 아무도 입찰하지 않아 유찰되었다가 가격 경쟁력이 조금이라도 생기자 투자자들이 대거 몰려 지난번 최저가보다 훨씬 높은 가격에 낙찰된 것이다.

만약 이 물건을 지난번 최저가에 입찰했다면 어떨까? 1억 3,000만 원에도 낙찰되는 물건이니 1억 원에만 낙찰받아도 충분히 좋은 투자가 되었을 것이다. 그래서 나는 이제 막 경매를 시작하는 초보 투자자들에게 시험 삼아 이런 물건을 최저가격에 입찰해보라고 권한다.

물론 이런 물건을 낙찰받을 확률은 매우 낮다. 하지만 경매투자에서 이런 경우가 생각보다 흔하므로 이런 물건만 집중 공략해서 10개든 20개든 입찰한다면 그중에 하나 정도는 충분히 낙찰받을 수 있을 것이다. 5%의 확률이라도 충분히 해볼 만한 투자이고, 특히 복잡한 권리분석 물건에 도전하기 어려운 초보 투자자들이라면 시도해볼 만한 부동산 경매의 틈새 중의 틈새라고 할 수 있다.

호프의 초간단 권리분석

나에게 권리분석에 대해 강의할 시간이 딱 세 시간만 주어진다면 나는

'말소기준권리', '확정일자', '세입자의 대항력'에 대해 다룰 것이다. 이 세 가지는 경매 물건이 법적인 하자가 있는지 알아보기 위해 기본적으로 확인해야 할 사항들이다. 이 부분을 정확하게 숙지하지 않고서는 부동산 경매를 할 수 없다고 해도 과언이 아니다.

일반물건에 투자할 때 초보 투자자들이 권리분석에서 실수하는 경우는 크게 두 가지이다. 하나는 등기부등본상의 권리가 낙찰로 모두 말소되어야 수익이 나는데 그렇지 않아 결과적으로 낭패를 보는 경우이고, 다른 하나는 세입자의 보증금을 낙찰자가 인수해야 하는지를 제대로 확인하지 않아서 보증금을 물어주게 되는 경우이다.

이런 실수를 하지 않으려면 반드시 등기부등본상의 권리관계와 임차인에 대한 권리관계를 확인해야 한다. 이 책에서 권리분석을 중점적으로 다루지는 않겠지만 경매 물건의 권리관계에 대해 꼭 알아야 할 기본적인 권리분석에 대해 간단하게 설명하기로 한다.

말소기준권리를 찾아라

경매로 부동산을 취득할 때 가장 먼저 신경 써야 하는 부분은 해당 부동산의 등기부등본에 기록된 모든 권리들이 낙찰 후 말소되는지를 알아보는 것이다. 만약 경매로 매각이 되어도 가등기, 가처분 등의 권리가 모두 말소되지 않고 그대로 남아 있다면 낙찰자가 소유권을 이전받은 후에도 재산권 행사를 제대로 하지 못할 수 있다.

그다음으로는 경매 물건을 점유하고 있는 세입자가 낙찰 후 자신의 임대 보증금을 전액이든 일부든 받지 못하는 경우가 있는데, 이때 세입자의 보증금을 인수해야 하는지 여부를 판단해야 한다.

보증금을 낙찰자가 인수해야 하는 세입자를 대항력이 있는 세입자라고 하는데, 만약 대항력이 있는 세입자라면 낙찰자가 세입자의 보증금을 책임져야 하므로 주의해야 한다.

이처럼 등기부등본상의 모든 권리가 말소되는지, 또 세입자가 대항력이 있는지를 확인하기 위해 가장 먼저 확인해야 하는 것이 등기부등본상의 말소기준권리이다. 말소기준권리는 해당 부동산이 경락(경매 낙찰)에 의해 말소되는 권리 중에서 기준이 되는 권리를 말한다.

경매로 부동산을 취득하면 말소기준권리보다 뒤에 있는 권리들은 특별한 예외가 있지 않는 한, 모두 말소된다. 하지만 말소기준권리보다 앞서 있는 권리들은 말소되지 않고 등기부등본에 그대로 남아서 낙찰자의 소유권 행사를 제한하고 심지어는 소유권을 빼앗을 수도 있으므로 면밀히 검토해야 한다.

또 말소기준권리보다 먼저 전입신고를 하고 점유를 한 세입자는 대항력을 갖추게 되는데, 만약 세입자가 대항력이 있다면 경매 과정에서 받지 못한 보증금을 낙찰자가 책임져야 한다. 따라서 이는 경매투자의 수익과 안정성을 따질 때 매우 중요한 부분이다.

이처럼 등기부등본상의 권리가 모두 말소되는지, 세입자가 대항력이 있는지를 판단하는 기준이 바로 말소기준권리이다. 말소기준권리를 이해하는 것은 경매 권리분석에서 가장 기초적이고 중요한 부분이라고 할 수 있다.

말소기준권리를 찾으려면 우선 등기부등본을 살펴봐야 한다(뒤에 나오는 등기부등본 샘플을 보고서 설명을 따라오길 바란다). 등기부등본은 크게 표제부, 갑구, 을구로 구성되어 있다. 표제부에는 해당 부동산의 종류와 면

(집합건물)서울특별시 영등포구 00동 000의 2필지 000000아파트 제0동 제0층 제000호   고유번호1161-1996-0000000

(대지권의 목적인 토지의 표시)

표시번호	소재지번	지목	면적	등기원인 및 기타사항
1 (전 1)	1. 서울특별시 영등포구 00동 000-0 2. 서울특별시 영등포구 00동 000-0 3. 서울특별시 영등포구 00동 000-0	대 대 대	15595.6㎡ 3736㎡ 15.7㎡	1987년3월30일 부동산등기법 제177조의 6 제1항의 규정에 의하여 2001년 11월 19일 전산이기

【 표 　 제 　 부 】 　(전유부분의 건물의 표시)

표시번호	접수	건물번호	건물내역	등기원인 및 기타사항
1 (전 1)	1987년 3월30일	제2층 제 000호	철근콘크리트조 84.85㎡	도면편철장 제1책 제536장 부동산등기법 제177조의 6 제1항의 규정에 의하여 2001년 11월 19일 전산이기

(대지권의 표시)

표시번호	대지권의 종류	대지권의비율	등기원인 및 기타사항
1 (전 1)	1, 2, 3 소유권대지권	19347.3분의 39.38	1987년1월17일 대지권 1987년3월30일

표시번호	대지권종류	대지권비율	등기원인 및 기타사항
			부동산등기법 제177조의 6 제1항의 규정에 의하여 2001년 11월 19일 전 산이기

【 갑 구 】 (소유권에 관한 사항)

순위번호	등기목적	접수	등기원인	권리자 및 기타사항
1 (전 4)	소유권이전	2000년8월24일 제37487호	2000년7월15일 매매	소유자 김○○ 540119-1******* 서울 영등포구 00동 000-0 0000아파트 0동 000호 부동산등기법 제177조의 6 제1항의 규정에 의하여 2001년 11월 19일 전산이기
2	압류	2006년11월24일 제66206호	2006년11월22일 압류(세율관리과-00000)	권리자 국 ─처분청 노인세무서
3	2번압류등기말소	2007년2월20일 제8137호	2007년2월15일 해제	
4	가압류	2011년6월30일 제24183호	2011년6월9일 서울남부지방법원의 가압류 결정(2011카단0000)	청구금액 금50,000,000 원 채권자 ○○○ 경기도 00시 00구 00동 000 0000000아파트 000-000
5	4번가압류등기말 소	2011년6월30일 제27961호	2011년6월17일 해제	

51

순위번호	등기목적	접 수	등 기 원 인	권리자 및 기타사항
6	가압류	2011년11월25일 제48936호	2011년11월25일 서울중앙지방법원의 가압류결정(2011카단0000)	청구금액 금32,972,000원 채권자 00카드 주식회사 서울 중구 0000 00 (소관:00제권지점)
7	임의경매개시결정	2011년12월30일 제54799호	2011년12월30일 서울남부지방법원의 임의경매시결정(2011타경000 00)	채권자 주식회사 00은행 110111-0000000 서울 중구 0000 00 (개인여신권리부)
8	가압류	2012년9월24일 제37172호	2012년9월24일 서울남부지방법원의 가압류결정(2012카단0000)	청구금액 금 252,705,000원 채권자 근로복지공단 111271-0000000 서울 000구 00동 00-000

【 을   구 】   (소유권 이외의 권리에 관한 사항)

순위번호	등기목적	접 수	등 기 원 인	권리자 및 기타사항
1 (전-2)	근저당권설정	2001년4월17일 제6570호	2001년4월17일 설정계약	채권최고액 금일억사백만원정 채무자 김00 ──서울 000구 00동 0000아파트 0-0동 000호 근저당권자 0000보험(주) ㅗ10ㅗㅗㅗ-0000000 ──서울 중구 00000-000 ──(서울00지점)

[집합건물]서울특별시 영등포구 00동 000외 2필지 0000000아파트 제0동 제0층 제000호

고유번호1161-1996-000000

순위번호	등기목적	접 수	등 기 원 인	권리자 및 기타사항
2	근저당권설정	2003년6월26일 제30568호	2003년6월25일 설정계약	채권최고액 금16,000,000원 채무자 김00 근저당권자 00동 000-0 0000아파트 0동 000호 ——서울 000구 00동 000-0 0000아파트 0동 000호 근저당권자 0000보험(주) 110111-0000000 ——서울 중구 00000-000 ——(서울00아파트)
3	근저당권설정	2004년12월2일 제60735호	2004년12월2일 설정계약	채권최고액 금147,600,000원 채무자 김00 근저당권자 00동 000-0 0000아파트 0동 000호 근저당권자 주식회사00은행 110111-0000000 서울 중구 00000 000 (00동 지점)
4	1번근저당권설정, 2번근저당권설정 등기말소	2004년12월3일 제60904호	2004년12월3일 해지	
5	근저당권설정	2011년6월17일 제25961호	2011년6월16일 설정계약	채권최고액 금60,000,000원 채무자 김00 근저당권자 00동 000-0 0000아파트 0동 000호 ——서울 000구 00동 000-0 0000아파트 0동 000호 근저당권자 최00 680510-2****** ——경기도 00시 00구 00동 000-000아파트 0동 000호

순위번호	등기목적	접 수	등 기 원 인	권리자 및 기타사항
5-1	5번근저당권설정	2011년12월15일 제51795호	2011년12월15일 서울남부지방법원의 가처분결정(2011카단000000)	금지사항 양도, 담보권설정 기타 일체의 처분행위의 금지 피보전권리 사해행위 취소로 인한 근저당권설정등기말 소등기청구권 채권자 신용보증기금 서울 00구 00동 000-0 (소관 : 00지점)
6	5-1번가처분등기 말소			2012년11월26일 등기
7	5번근저당권	2012년11월26일 제46934호	2012년11월9일 사해행위취소	대위자 신용보증기금 서울특별시 00구 00동 000-0 (00지점) 대위원인 서울중앙지방법원 2012가합 000000호 구상금에 의한 확정판결

-- 이 하 여 백 --

관할등기소 서울남부지방법원 000등기소

적 등에 관한 내용이 기록되어 있고, 갑구에는 가압류, 압류, 가등기, 가처분 등 소유권에 관한 사항이, 을구에는 근저당, 저당, 전세권, 지상권 등 소유권 이외의 사항이 기록되어 있다.

등기부등본상의 권리분석을 한다는 것은 갑구와 을구의 권리관계를 확인한다는 의미이다. 갑구와 을구는 각각의 권리들이 접수된 날짜순으로 기록되어 있는데, 이 갑구와 을구의 권리를 통틀어서 접수일자를 기준으로 가장 빠른 권리가 말소기준권리가 된다.

그런데 여기서 예외가 되는 것들이 있다. 일반적으로 가압류, 압류, 근저당, 저당, 담보가등기, 강제경매기입등기 등 금전채권의 담보나 보전, 회수를 위한 권리는 말소기준권리가 되지만, 가등기, 가처분, 지상권 환매등기 등 소유권이나 사용권을 요구하는 권리는 말소기준권리가 될 수 없다. 만약 가등기, 가처분, 지상권 등이 가장 빠른 권리에 해당된다면 이 권리들은 말소기준권리가 되지 못하고 그다음 순위의 권리가 말소기준권리가 되므로 각별히 주의해야 한다.

확정일자와 우선변제권을 확인하라

주택임대차보호법은 상대적으로 사회적 약자에 속한 임차인의 권리를 보호하기 위해 제정된 특별법이다. 임차인은 임대인에게 임차 보증금을 내고 살다가 임대차 계약이 종료되면 임차 보증금을 받아서 나오게 된다. 그런데 임차인이 임대인에게 맡긴 임대 보증금은 일반채권이기 때문에 경매가 진행되면 배당금에 대한 우선변제권(채권자가 채권의 담보로 받은 물건에 대하여 다른 채권자에 앞서 자기의 채권을 변상받을 권리)이 없다. 따라서 임차인은 그보다 늦은 다른 채권자들과 채권금액의 비율로 고르게 갑구와 을구의 권리가 다음과 같은 순위로 나열되어 있을 때 어떤 권리가 말소기준권리가 되는지 알아보자.

1 │ 근저당-가압류-압류-가처분-가등기 순으로 되어 있다면 근저당이 말소기준권리가 되고 근저당을 포함해 모든 권리가 경매로 말소된다.

2 │ 가압류-근저당-저당-가등기-압류의 순으로 되어 있다면 말소기준권리는 가압류이고 이후 모든 권리가 말소된다.

3 │ 근저당-가압류-가처분-압류-지상권 순으로 되어 있다면 말소기준권리는 근저당이고 이후 모든 권리는 말소된다.

4 │ 가처분-가압류-근저당-가등기 순으로 되어 있다면 말소기준권리는 가압류이고 가처분은 말소되지 않는다.

5 │ 지상권-가압류-압류-가처분 순으로 되어 있으면 말소기준권리는 가압류이고 지상권은 말소되지 않는다.

6 │ 저당-근저당-가등기-가처분 순으로 되어 있으면 말소기준권리는 저당이고 모든 권리가 말소된다.

7 │ 담보가등기-근저당-가압류 순으로 되어 있으면 말소기준권리는 담보가등기이고 모든 권리가 말소된다.

이처럼 말소기준권리보다 뒤에 있는 등기부등본의 권리들은 말소기준권리와 함께 경매로 모두 말소된다. 그리고 말소기준권리보다 늦게 전입한 세입자의 경우 낙찰자는 전혀 책임을 지지 않아도 된다.

나누어 배당을 받게 된다. 이런 이유로 고액의 전세금을 내고 입주한 임차인은 경매로 전세금을 온전히 보호받지 못한다. 그런데 우선변제권의 대표적인 사례인 근저당의 경우는 조금 다르다. 근저당권은 그 뒤에 접수된 근저당, 가압류, 전입신고를 한 임차인이 아무리 액수가 많더라도 전혀 영향을 받지 않고 자신의 채권을 가장 먼저 배당받는다.

주택임대차보호법의 확정일자제도는 임차인이 전입신고를 하고 임대차 계약서에 확정일자를 받는 순간, 임차인의 보증금을 우선변제권이 없는 일반채권이 아닌, 저당권과 같은 우선변제권이 있는 일반우선채권으로 인정하는 법이다. 따라서 임차인이 전입신고를 하고 확정일자를 받으면 그보다 늦게 전입한 세입자나 채권보다 우선하여 배당받을 수 있다.

하지만 확정일자를 받지 않았다면 임차인의 보증금은 단순한 차용증에 불과하다. 따라서 경매가 되더라도 임차인은 소액 보증금에 해당되는 금액을 제외하고는 배당받을 수 없다. 그렇기 때문에 임차 보증금을 보호하려면 임차인은 전입신고와 동시에 반드시 확정일자를 받아야 한다. 확정일자는 동사무소, 등기소, 공증사무소에서 임대차 계약서에 도장을 받으면 된다.

주택임대차보호법의 확정일자제도는 임차인의 보증금을 보호할 수 있는 매우 강력한 제도이다. 따라서 세를 들어가는 임차인은 기본적으로 전입신고, 점유, 보증금 입금, 확정일자를 이사하는 당일에 모두 처리하는 것이 좋다. 간혹 임차인 중에 전입신고는 했지만 확정일자를 받지 않거나 늦게 받아서 다른 채권들에 비해 배당순위가 밀려 배당금을 받지 못하는 경우가 있다. 이때 임차인이 대항력이 있다면 낙찰자에게 받을 수도 있지만 대항력조차 없다면 보증금을 손해보고 집을 비워주어야 한다(대항력에 대해서는 다음에서 소개할 것이다).

권리분석을 하다 보면 임차인이 주택임대차보호법에 대한 조금의 지식만 있어도 지킬 수 있는 보증금을 손해보는 경우를 종종 목격하게 되는데, 매우 안타까운 일이다. 이러한 권리는 임차인 스스로 챙겨 불이익을 당하는 일이 없도록 해야 한다.

임차인의 배당순위를 정할 때는 전입신고한 당일이 아니라 그다음 날 0시와 확정일
자를 받은 날짜 중 늦은 날짜로 한다는 사실을 기억해야 한다.

1 | 전입신고 5월 5일, 확정일자 5월 5일, 배당순위 일자 5월 6일 0시
2 | 전입신고 5월 5일, 확정일자 5월 6일, 배당순위 일자 5월 6일 주간
3 | 전입신고 5월 5일, 확정일자 8월 8일, 배당순위 일자 8월 8일 주간
4 | 전입신고 5월 5일, 확정일자 3월 3일, 배당순위 일자 5월 6일 0시

세입자의 대항력을 판단하라

경매투자를 할 때 임차인의 대항력을 판단하는 일은 매우 중요하다. 임
차인이 대항력이 있다면 돌려받지 못한 임차 보증금을 낙찰자가 전액
책임져야 하며, 임차인은 보증금을 모두 받기 전에는 집을 비워주지 않
아도 된다. 하지만 대항력이 없다면 임차인은 조건 없이 집을 비워주어
야 한다.

대항력이 있는 임차인이라면 경매 절차에서 배당신청을 하고 임차 보
증금을 전부 배당받고 집을 비워줄 수도 있고, 배당신청을 하지 않고 임
대차의 남은 기간 동안 해당 부동산에 계속 살다가 계약 만기가 되었을
때 낙찰자에게 보증금을 받아서 이사를 할 수도 있다. 대항력이 있는 임
차인의 권한은 이처럼 막강하다.

따라서 임차인은 임대차 계약 전에 반드시 자신이 대항력이 있는지를
등기부등본을 통해 확인해야 하고, 만일 대항력이 없다면 경매가 되었
을 때 자신의 보증금이 보호받을 수 있는지 확인하고 임대차 계약을 해
야 한다.

반대로 투자자는 입찰하는 물건에 점유 중인 임차인이 있을 경우, 그가 대항력이 있는지 여부를 확인하여 낙찰받고 나서 임차 보증금을 자신이 책임져야 하는지 아니면 그냥 명도해도 되는지를 반드시 확인해야 손실을 피할 수 있다.

임차인이 대항력을 갖추려면 세 가지를 갖춰야 한다. ① 말소기준권리보다 전입신고가 더 빨라야 하고 ② 실제로 해당 부동산을 점유하고 있어야 하며 ③ 유료로 임대차 계약을 해야 한다. 전입신고, 점유, 임대 보증금 지불의 세 가지를 모두 갖춰야 대항력이 인정되는 셈이다.

만약 이 세 가지가 같은 날 이뤄지지 않았다면 세 날짜 중 가장 늦은 날과 말소기준권리를 비교하여 대항력 여부를 판단하게 된다. 즉, 세 날짜 중 가장 늦은 날짜가 말소기준권리보다 빠르면 대항력이 있는 것이고 늦으면 대항력이 없는 것이다.

투자자는 관할 동사무소에 가서 전입한 세대주를 열람한 뒤 임차인이 전입신고한 다음 날 0시를 기준으로 말소기준권리와 우선순위를 확인해 대항력 여부를 판단하면 된다.

한 가지 주의해야 할 것은 주택임대차보호법에서 임차인의 대항력을 판단할 때는 전입신고 당일이 아닌 다음 날 0시를 기준으로 한다는 사실이다.

이렇게 정한 것은 은행저당권 설정일과 전입신고일이 같을 때 우선순위를 두기 위해서이다. 따라서 임차인의 전입일은 전입신고한 당일이 아니라 그다음 날 0시가 된다.

1 | 전입신고 3월 3일/ 확정일자 3월 3일/ 말소기준권리(근저당)/ 3월 3일 임차인의 우선변제권은 3월 4일 0시/ 근저당의 우선변제권은 3월 3일 주간이므로 임차인은 대항력이 없고 배당순위는 근저당 다음 순위가 된다.

2 | 전입신고 3월 3일/ 확정일자 3월 3일/ 말소기준권리(근저당) 3월 4일 임차인의 우선변제권은 3월 4일 0시/ 근저당의 우선변제권은 3월 4일 주간이므로 임차인은 대항력이 있고 배당순위는 임차인이 근저당보다 앞선다.

3 | 전입신고 3월 3일/ 확정일자 없음/ 말소기준권리(근저당) 3월 3일 임차인은 대항력이 없고 배당에 참여할 수 없다. 만약 경매 배당금이 남을 경우 남는 배당금을 가압류하여 받을 수는 있겠지만 경매로 배당금이 남는 경우는 거의 없다.

4 | 전입신고 3월 3일/ 확정일자 없음/ 말소기준권리(근저당) 3월 4일 임차인은 대항력이 있고 배당은 받지 못하지만 낙찰자가 임차인의 배당금을 책임져야 한다.

소액 임차인의 최우선변제권을 고려하라

주거용 건물의 소액 임차인이란 임대차 보증금이 일정 금액 이하인 임차인을 말한다. 이들은 임차인 중에서도 특별대우를 받는다. 만약 소액 임차인에 해당되면 비록 확정일자가 없고 순위가 후순위라 하더라도 배당 요구만 하면 순위에 상관없이 최우선순위로 소액 보증금 중 일부를 배당받을 수 있다. 물론 이 경우에도 기본적인 임차인의 조건인 전입신고와 점유, 보증금 지불의 세 가지가 경매개시일자 이전에 이루어져야 한다.

다만 소액 임차인의 기준 금액은 지역에 따라 다르고, 등기부등본상의 담보 물건 설정일에 따라 다르다는 사실에 유의해야 한다. 소액으로 임대차 계약을 할 때는 해당 부동산의 등기부등본과 다음에 나오는 최우선변제권 표를 잘 따져보고 계약을 해야 한다.

임대차보호법을 잘 모르는 사람들은 대출이 많은 집은 무조건 기피하는 경향이 있다. 하지만 임대차보호법이 보호하는 소액 보증금 내에서 계약을 한다면 설령 해당 부동산이 경매로 매각되더라도 최우선변제권이 적용돼 보증금을 보호받을 수 있으므로 실제로는 그다지 위험하지 않다.

다만 주의할 것이 있는데, 입주하려는 건물의 등기부등본을 떼어봤을 때 가장 빠른 부동산의 담보 물건이 언제 설정되어 있는지를 확인해야 한다는 것이다. 예를 들어, 해당 부동산이 서울 지역 주택이고 가장 빠른 부동산 담보 물건이 2014년이라면 보증금 7,500만 원 이하에서 2,500만 원까지 보호된다. 따라서 세입자는 2,500만 원의 임차 보증금을 내고 계약을 하면 나중에 경매가 되더라도 보증금 2,500만 원을 최우선으로 돌려받을 수 있다.

그런데 만약 서울 지역의 주택으로 가장 빠른 부동산 담보가 1987년도의 근저당이라면, 이 물건은 1987년의 기준에 따라 보증금 500만 원 이하까지만 보호받을 수 있다. 따라서 이 주택에 입주하고자 하는 임차인은 보증금 500만 원 이하로 계약을 해야 보증금을 모두 다 돌려받을 수 있다.

이처럼 보호받을 수 있는 소액 보증금이 지역마다 다르고 담보 물건 설정 연도에 따라 다르므로 이 부분을 잘 확인하고 임대차 계약서를 쓴다면 크게 문제될 것이 없다.

주택뿐 아니라 상가건물에도 소액 임차인 제도가 있다. 다만 상가건물의 소액 임차인 제도는 주거용 건물과 기준 금액이 다르고 월세 1만 원을 보증금 100만 원으로 환산하여 전체 보증금으로 계산한다. 즉, 보증금 1,000만 원에 월세 50만 원으로 상가를 임대하였다면 보증금 6,000만 원의 임대차 계약으로 계산한다.

주택임대차보호법

임차인의 최우선변제금(주민등록 전입과 건물의 인도가 있어야 함)

근저당 등 최초 담보권 설정일	지역	보증금 범위	최우선 변제액
1984.06.14~ 1987.11.30	특별시, 직할시	300만 원 이하	300만 원까지
	기타지역	200만 원 이하	200만 원까지
1987.12.01~ 1990.02.18	특별시, 직할시	500만 원 이하	500만 원까지
	기타지역	400만 원 이하	400만 원까지
1990.02.19~1 995.10.18	특별시, 직할시	2,000만 원 이하	700만 원까지
	기타지역	1,500만 원 이하	500만 원까지
1995.10.19~ 2001.09.14	특별시, 직할시(군지역 제외)	3,000만 원 이하	1,200만 원까지
	기타지역	2,000만 원 이하	800만 원까지
2001.09.15~ 2008.08.20	수도정비계획법 등 과밀억제권역	4,000만 원 이하	1,600만 원까지
	광역시(군지역과 인천광역시지역 제외)	3,500만 원 이하	1,400만 원까지
	기타지역	3,000만 원 이하	1,200만 원까지
2008.08.21~ 2010.07.26	수도정비계획법 중 과밀억제권역	6,000만 원 이하	2,000만 원까지
	광역시(군지역과 인천광역시지역 제외)	5,000만 원 이하	1,700만 원까지
	기타지역	4,000만 원 이하	1,400만 원까지
2010.07.26 ~2013.12.31	서울특별시	7,500만 원 이하	2,500만 원까지
	수도정비계획법에 따른 과밀억제권역 (서울특별시 제외)	6,500만 원 이하	2,200만 원까지
2010.07.26~ 2013.12.31	광역시(수도권정비계획법에 따른 과밀억제권역 에 포함된 지역과 군지역은 제외)안산시, 용인 시, 김포시, 광주시	5,500만 원 이하	1,900만 원까지
	기타지역	4,000만 원 이하	1,400만 원까지
2014.01.01~	서울특별시	9,500만 원 이하	3,200만 원까지
	수도정비계획법에 따른 과밀억제권역 (서울특별시제외)	8,000만 원 이하	2,700만 원까지
	광역시(수도권정비계획법에 따른 과밀억제권역 에 포함된 지역과 군지역은 제외) 안산시, 용인시, 김포시, 광주시	6,000만 원 이하	2,000만 원까지
	기타지역	4,500만 원 이하	1,500만 원까지

적용 시 참고사항

소액 보증금을 판단하는 기준일은 임대차 계약일이 아닌, 등기부에 기재된 최초의 담보물권 설정 등기 일자이며, 담보물권 등기가 없는 주택일 경우에는 경매개시결정 기입 등기 일자를 기준으로 한다. 다만 가압류의 경우에는 기준일이 되지 못한다.

수도정비계획법 중 과밀억제권역 – 담보물권 설정일 2009.01.15 이전

서울특별시, 의정부시, 구리시, 하남시, 고양시, 수원시, 성남시, 안양시, 부천시, 광명시, 과천시, 의왕시, 군초시, 시흥시(반원특수지역은 제외), 남양주시(호평동, 평내동, 금곡동, 일패동, 이패동, 삼패동, 가운동, 수석동, 지금동, 도농동에 한함), 인천광역시(강화군, 옹진군, 중구 운남동, 중구 운북동, 중구 운서동, 중구 증산동, 중구 남북동, 중구 덕교동, 중구 무의동, 중구 을왕동, 서구 대곡동, 서구 불로동, 서구 마전동, 서구 금곡동, 서구 오류동, 서구 왕길동, 서구 당하동, 서구 원당동, 연수구 송도 매립지(인천광역시장이 송도 신시가지 조성을 위하여 1990년 11월 12일 송도 앞 공유수면매립 공사 면허를 받은 지역을 말한다) 남동국가 산업단지 제외).

수도정비계획법 중 과밀억제권역 – 담보물권 설정일 2009년 01.16 이후

서울특별시, 의정부시, 구리시, 하남시 고양시, 수원시, 성남시, 안양시, 부천시, 광명시, 과천시, 의왕시, 군포시, 시흥시(반원특수지역은 제외) 남양주시(호평동, 평내동, 금곡동, 일패동, 이패동, 삼패동, 가운동, 수석동, 지금동, 도농동에 한함), 인천광역시(강화군, 옹진군, 중구 운남동, 중구 운북동, 중구 운서동, 중구 증산동, 중구 남북동, 중구 덕교동, 중구 무의동, 중구 을왕동, 서구 대곡동, 서구 불로동, 서구 마전동, 서구 금곡동, 서구 오류동, 서구 왕길동, 서구 당하동, 서구 원당동, 연수구 송도 매립지, 남동국가 산업단지 제외), 인천경제자유구역-송도지구(연수구 송도동), 영종지구(중구, 증산, 운남, 운서, 운북, 남북, 덕교, 무의, 을왕), 청라지구(서구 경서동, 원창, 연희 일부), 남동국가산업단지(남동구 고잔동, 남촌동, 논현동 일부)

최우선변제금 지급 기준

주택임대차보호법 부칙에 의하면 이 법 시행 전에 임대주택에 대하여 담보물권을 취득한 자에 대하여는 종전의 규정에 의한다고 규정하고 있다. 현행법 시행 전에 부동산에 대하여 근저당권을 취득한 자에 대한 관계에 있어서는 구 주택임대차보호법에 의하여 소액 임차인에 해당하는 여부를 가려야 한다. 이는 현행 규정에 의하면 소액 임차인에 해당하더라도 담보권자와의 관계에서 담보권 설정일을 기준으로 종전 규정에 의할 경우에 소액 임차인에 해당하지 아니하는 경우가 있기 때문이다. 그러나 이러한 경우에는 배당 절차에서 그 피담보채무가 모두 배당된 경우에는 그 나머지 배당금에 대하여는 임차인에게 유리한 현행 규정이 적용된다.

현재 적용되는 법령에 의한 소액 임차인이라 하더라도 소액 임차인이 대항력을 취득한 시점 이전에 이미 확정일자를 갖춘 임차인이 있고, 그 임차인의 확정일자 시점의 법령에서는 소액 임차인에 해당하지 않는다면, 그 확정일자 임차인보다 소액 임차인의 최우선 배당순위는 후순위로 된다.

하나의 주택에 임차인이 2인 이상이고, 이들이 그 주택에서 가정공동생활을 하는 경우에는 이들을 1인의 임차인으로 보아 각 보증금을 합산하여 소액 임차인에 해당하는지 여부를 판단하여야 한다. 임대차 관계가 지속되는 동안 임대차 보증금의 증감 혹은 변동이 있는 경우, 보증금이 소액 임차인에 해당하는지 여부의 판단 시점은 원칙적으로 배당 시로 본다. 따라서 처음 임대차 계약을 체결할 당시 임대차 보증금의 액수가 적어서 소액 임차인에 해당한다고 하더라도 그 후 갱신 과정에서 증액되어 그 한도를 초과하면 더 이상 소액 임차인에 해당하지 않는다.

반대로 처음에는 임대차 보증금의 액수가 많아 소액 임차인에 해당하지 않는다 하더라도 그 후 갱신 과정에서 감액되어 한도 이하가 되었다면 소액 임차인에 해당한다.

| 광역시 승격일 |

지역	보증금 범위
부산광역시	1963.01.01
대구광역시	1981.07.01
인천광역시	1981.07.01
광주광역시	1986.11.01
대전광역시	1989.01.01
울산광역시	1997.07.15

공매투자에서 주의해야 할 사항들

공매투자가 많은 장점을 가지고 있음에도 불구하고 반드시 기억해야 할 주의 사항이 있다. 다음과 같은 사항들을 고려하여 신중하게 접근한다면 공매는 뒤에 나올 여러 특수물건들에 비해 어렵지 않으면서도 좋은 수익을 얻을 좋은 재테크 수단이 될 것이다.

감정가를 맹신하지 말라

감정가는 공인된 감정평가사가 여러 근거를 가지고 조사하여 물건의 가격을 평가한 것으로 경매 투자자가 기본적으로 고려해야 하는 정보이다. 그러다 보니 초보 투자자는 경매 물건을 검색할 때 감정가 대비 경매가가 얼마나 낮은지에 관심을 둔다. 하지만 부동산의 감정평가는 현 시세뿐 아니라 공시가격이나 장래성 등을 고려해서 책정하기 때문에 실제 시세와 차이가 나는 경우가 많다. 따라서 감정가를 현재의 시세와 똑같은 것으로 받아들이면 낭패를 볼 수 있다.

실제 물건 분석을 하다 보면 시세보다 감정가가 지나치게 높게 책정된 지역들이 있다. 예전에 번화했다가 최근에는 시들해진 지역들인데, 실제 시세를 알아보면 감정가의 3분의 1도 안 되는 경우가 많다. 이런 지역은 실제 시세뿐 아니라 공시지가도 적용해야 하기 때문에 감정가격이 다소 높게 책정된다. 이런 지역의 물건이 경매로 나오면 감정가의 25%까지 유찰되어도 가격 메리트가 크지 않으므로 신중하게 입찰해야 한다.

물론 시세보다 낮게 감정되는 경우도 있다. 재개발 등의 호재가 반영

되기 전에 감정평가를 한 경우다. 경매 물건의 감정평가는 대략 첫 매각이 이루어지기 6개월 전에 실시한다. 6개월이라는 기간은 아파트와 같은 물건의 시세 변동에 충분히 영향을 끼치는 기간이므로 경매가 진행되는 시점의 시세와 차이가 날 수 있다. 어떤 이유에서든 시세보다 낮게 감정된 물건은 투자자에게는 좋은 투자 기회이므로, 이러한 기회를 알아차릴 수 있는 안목을 길러야 한다.

또 감정평가사가 어떤 기준을 가지고 감정했느냐에 따라 감정평가액에 차이가 날 수 있다. 보통 감정평가기관에서 채권 회수를 위해 감정평가를 할 때는 시세보다 다소 높게 평가하는 것이 일반적이다. 반대로 은행에서 부동산 담보대출을 실행할 때는 시세보다 보수적으로 감정한다. 즉, 목적에 따라 감정가격이 달라질 수 있다. 따라서 공매투자를 할 때는 단순히 감정가에 비해 낮은 금액이라고 해서 섣불리 입찰하기보다는 관심 지역의 실거래 가격을 꼼꼼하게 확인하고 투자해야 한다.

관심 물건이 대단지 아파트라면 인터넷으로 쉽게 시세 파악이 가능하기 때문에 감정가격의 오차가 크지 않겠지만, 시세를 파악하기 힘든 빌라나 상가, 지방의 토지 같은 경우에는 감정평가 금액과 실제 시세 사이에 차이가 클 수 있으므로 반드시 현장 방문을 통해 꼼꼼하게 점검해야 실수하지 않는다.

명도에 걸리는 시간을 충분히 감안하라

공매의 경우, 앞에서도 언급했듯이 인도명령제도가 없으므로 입찰에서부터 명도까지 걸리는 시간과 비용에 여유를 두고 투자해야 한다.

만약 해당 부동산 점유자가 임차인이고 임차 보증금을 모두 받아가는 경우라면 명도하기가 비교적 수월할 것이다. 임차인이 일정 금액을 경매 절차를 통해 배당받는 경우에도 명도가 그리 어렵지 않다. 임차인은 낙찰자에게 인감증명서가 첨부된 명도확인서를 받아서 제출해야 자신의 배당금을 받을 수 있기 때문에 비교적 협조를 잘해주는 편이다.

점유자가 소정의 이사비를 요구한다면 이 또한 적절한 협의를 위해 고려하는 것이 좋다. 어차피 명도 집행을 하려면 200만~300만 원의 비용이 드는데, 이왕이면 명도 집행을 하기 전에 점유자와 협의해서 서로 원만하게 끝내는 것이 좋기 때문이다.

만약 임차인이 일정 금액을 배당받으면서도 협의가 원활하게 되지 않는다면 점유 기간에 따른 임대료와 명도 비용을 임차인의 배당금을 가압류하여 낙찰자가 받아갈 수 있다는 사실을 미리 설명하는 것이 협상에 도움이 된다.

만일 점유자가 터무니없는 이사 비용을 요구하거나, 대화가 잘 되지 않는다면 법적 절차를 설명하고 명도 절차를 밟아야 한다. 명도소송도 소송이니만큼 절차가 필요하고 시간이 오래 걸린다. 보통 법원의 판결을 받기까지 4~5개월은 걸린다는 것을 감안해야 하고, 실제 집행까지는 6개월 정도의 시간이 걸린다고 봐야 한다. 여기에 이해관계인 사이에 의견 대립이 있다면 더 지연될 수도 있다.

나 역시 물건을 낙찰받고 명도 과정에서 실제 집행까지는 하지 않더라도 명도 신청을 한 경우는 많았다. 낙찰자에게 명도의 권한이 있으며, 그 권한을 행사할 의지가 충분히 있다는 것을 점유자에게 보여주기 위해서였다. 이런 과정을 거치다 보면 결국 점유자도 명도를 계속 거부하는 것이 사실상 불가능하다는 것을 깨닫고 협의에 나서곤 했다.

물론 명도 과정이 마냥 쉬운 것은 아니지만, 절차에 따라 적절한 조치를 취하면서 차근차근 진행하다 보면 충분히 해결할 수 있는 과정이다. 공매투자를 할 때는 이러한 사실을 감안하고 투자 계획을 세워야 무리 없이 투자에 임할 수 있다.

경매와 공매의 소소한 차이를 확인하라

경매와 공매는 투자 방식은 비슷하지만 절차상의 차이가 있는데, 이를 잘 확인해두어야 투자할 때 실수하지 않는다. 두드러진 차이점은 다음과 같다.

경매와 공매의 절차상의 차이

· 입찰 보증금이 다르다

경매와 공매에서 감정가와 최저가의 의미는 동일하다. 다만 입찰에 참여할 때 경매는 최저 입찰가의 10분의 1이 입찰 보증금인데, 공매는 본인이 입찰하는 입찰가의 10분의 1이 입찰 보증금이라는 사실을 알고 입찰해야 한다.

· 유찰 시 매각 기간과 가감률이 다르다

경매는 한 달 간격으로 감정금액의 20~30% 차감된 금액으로 매각 절차가 진행되고, 공매는 감정가의 10%씩 차감되어 일주일에 한 번씩 매각 절차가 진행된다. 그러다 보니 매각 기간에 차이가 날 수밖에 없다.

· 잔금 납부 기간이 다르다

경매는 매각허가결정일로부터 1개월 내에 잔금을 납부해야 한다. 반면 공매는 낙찰가가 3,000만 원 미만일 경우 매각허가결정일부터 7일 이내, 3,000만 원 이상일 경우에는 30일 이내에 매각 잔금을 납부해야 소유권을 이전할 수 있다.

선순위가장임차인 물건에 투자할 때
확인해야 할 것들

경매의 프로세스는 어느 정도 알고 있고, 일반물건을 낙찰받아 명도까지 처리할 수 있는데, 수익률이 다소 아쉽다고 생각하는 투자자라면 선순위가장임차인 물건에 관심을 가져보자. 선순위가장임차인 물건은 권리관계의 난이도가 높은 편이고 탐문 조사를 통해 확인해야 할 사항이 많지만, 몇 가지 사항만 제대로 확인하면 괜찮은 수익을 낼 수 있는 일반물건의 틈새시장이다.

임차인과 소유자의 관계를 확인하라

선순위임차인 물건의 점유자가 가장임차인인지 확인할 수 있는 방법 중 하나는 소유자와 임차인의 관계를 알아보는 것이다. 일반적으로 가장임차인은 소유자와 친인척 관계인 경우가 많다. 세대주가 처음부터 경매를 대비해서 타인을 가장임차인으로 전입신고를 해놓는 경우는 드물기 때문이다.

소유자와 임차인이 친인척 관계인지 확인하려면 등기부등본을 통해 소유자와 임차인의 성씨가 같은지를 먼저 확인한다. 성씨가 다르다고 해도 소유자와 점유자가 가족이나 친인척 관계라면 임대차 관계가 아닐 가능성이 높으므로 주시해야 한다.

가족인 경우, 주민등록상에 하나의 세대를 구성하고 있다가 대출을 받고 나서 세대원 중 일부가 전출하고 나머지 세대만 남아 있는 일이 종종 있다. 그럴 때 경매가 진행되면 소유자가 아닌 다른 이가 근저당 설정일보다 먼저 전입신고를 한 상태이므로 해당 부동산 점유자는 임차인이 아니면서 임차인인 것처럼 행동할 여지가 있다.

만약 성씨가 다르고 등기부등본을 통해서도 가족관계를 확인하기 어렵다면 좀 더 세밀한 조사를 하거나 채권자 은행에 문의해서 정황을 파악해야 한다. 은행에서는 직접적인 이해관계가 얽히지 않는 이상 사실을 잘 알려주지 않지만, 가장임차인의 존재 때문에 낙찰가가 떨어지면 채권 확보에 어려움을 겪을 수 있으므로 요령껏 확인해주기도 한다.

채권자 은행에서 대출 당시 서류를 통해 점유자와 소유자가 가족관계임을 확인해준다면 입찰자는 점유자가 임차인이 아니라는 사실을 예측할 수 있을 것이다. 하지만 은행에서 매번 이러한 사실을 적극적으로 알려주는 것은 아니므로 이 부분은 입찰자가 재량껏 확인해야 한다.

금융기관 대출 이력을 확인하라

금융기관에서는 부동산 담보대출을 진행할 때 기본적으로 주택에 임대차 계약 건이 있는지를 확인한다. 혹시라도 대출에 앞서 전입신고가 된 사람이 있다면 그 사람이 임차인이 아니라는 확인서를 받고 나서야 대출을 해준다.

예를 들어 어머니 소유의 집에 어머니와 아들이 함께 살고 있다가 대출을 받고 얼마 후에 어머니가 주소를 이전했다고 해보자. 그리고 나서 주택이 경매로 매각된다면 입찰자 입장에서는 소유자인 어머니와 점유자인 아들이 성씨가 다르고, 아들이 대출일자보다 먼저 전입신고를 했기 때문에 권리분석상 선순위임차인이라고 생각할 수 있다. 게다가 아들이 자신은 대항력 있는 임차인이라고 주장한다면 투자자 입장에서는 임차인의 보증금을 떠안아야 하기 때문에 입찰하기를 망설일 것이다.

하지만 이런 물건 중에서 가장임차인이라는 사실을 알아볼 수 있는 근거가 있는데, 바로 은행권 대출이 실행된 경우이다. 은행은 주택을 담보로 대출해줄 때 해당 동사무소의 전입신고 사항을 기본적으로 확인하기 때문에 은행에 대출이 실행되었다면 점유자가 임차인이 아니라는 근거로 삼을 수 있다. 또 대출 당시에 세입자가 아니라는 확인서를 은행에서 받아두었다면 좀 더 확신을 가지고 투자해도 좋다.

점유자의 태도를 주시하라

은행 저당권보다 앞서 전입한 점유자가 공식적으로 임차인 신고를 하지 않고 철저히 침묵으로 일관하거나, 탐문 조사를 하는 사람들에게만 자신이 임차인이라고 주장한다면 가장임차인일 가능성을 열어두고 조사해야 한다.

상식적으로 보증금 1억 원의 실제 임차인이라면 배당을 받기 위해 확정일자를 받을 것이고, 설사 확정일자를 받지 않고 배당 요구를 하지 않았다 하더라도 낙찰자가 인수해야 하는 금액이므로 이 사실을 입찰자에게 떳떳하게 밝힐 것이다. 그런데 이를 밝히지 않고 애매하게 행동한다면 미심쩍은 구석이 있다고 판단할 수 있다.

경험상 이런 물건은 십중팔구 가장임차인 물건이었다. 다만 그중에 진짜 임차인이 섞여 있을 한두 개의 물건을 가려내기 위해 확인에 확인을 거듭하는 것이다. 그렇게 철저하게 조사를 했는데도 가장임차인이라는 확신이 서지 않는다면 그런 물건에는 투자하지 않는 것이 현명하다.

일반적으로 투자자들은 선순위임차인 물건을 조사할 때, 채권자 은행에 '무상임대차확인서(무상으로 거주하고 있다는 확인서)'가 있다는 사실을 확인하면 입찰을 결심한다. 하지만 등기부등본상의 권리관계를 꼼꼼히 확인한다 해도 100% 가장임차인이라고 확신할 수는 없다.

실제로 경매의 베테랑인 지인이 가장임차인 물건에 투자했다가 소송에서 패한 일이 있었다. 처남이 매형 집에 같이 살다가 집이 경매로 넘어가자 자신이 실제 임차인이라고 주장한 사례였다. 그런데 실제로 처남과 매형 사이에 임대차 계약서가 있었고 임차 보증금을 입금한 증거가 있었다. 따라서 정황상 가장임차인으로 보이더라도 소송에서 확실한 근거를 제시할 수 없다면 만만하게 투자할 일은 아니다.

하지만 명도소송에서 확실한 증거를 제출할 수 있다면 입찰해도 상관없다. 경매투자에서는 남들이 확인하기 어려운 단서를 찾았을 때 그것이 수익으로 직결되는 경우가 많다. 따라서 관심 물건의 권리관계를 따질 때는 집요하게 파헤쳐서 명확한 근거를 찾아내야 한다.

선순위가장임차인 아파트를
1억 싸게 낙찰받다

경매투자를 할 때는 등기부상의 기본 권리관계를 확인할 줄 알아야 수익이 날 만한 물건을 고를 수 있다. 만약 권리분석 시 아파트와 같은 일반물건에 선순위임차인이 있다면 낙찰자가 임차인의 보증금을 떠안아야 하므로 투자를 하지 않는 것이 원칙이다. 하지만 선순위임차인으로 보이지만 실은 그렇지 않은 경우, 즉 가장임차인인 경우가 있는데 이때는 임차인의 보증금을 인수하지 않아도 되므로 투자해볼 만하다. 몇 년 전에 실수요로 아파트를 매입하기를 원하는 카페 회원에게 가장임차인이 있는 공매 물건을 추천해주었던 사례를 소개한다.

시세보다 1억 싼 공매 물건을 발견하다

■

대전 둔산동의 인기 있는 45평 아파트가 자산관리공사에서 진행하는 공매로 나왔다. 시세는 4억 8,000만 원인데 3억 5,000만 원까지 떨어진 상태였다. 당시에는 아파트 거래가 잘되던 시절이라 잘만 매입하면 1억 원 싸게 아파트를 매입할 수 있는 호재였다.

투자자라면 인기 있는 지역의 아파트가 1억 원 이상 유찰될 동안 아무도 입찰하지 않은 이유를 따져봐야 한다. 권리분석상에서 이 아파트의 가격이 떨어진 이유는 선순위임차인으로 보이는 송 씨의 존재 때문이었다.

송 씨는 이 물건의 등기부등본상 가장 빠른 권리인 근저당권보다도 2년이나 앞서 전입신고를 한 상태였다. 그런데 이 아파트를 점유하고 있는 송 씨는 확정일자도 받지 않았고, 배당 요구도 하지 않은 채 단지 전입신고만 말소기준권리보다 먼저 한 상태였다. 더구나 공식적으로 임차인이라고 신고를 한 것은 아니고, 궁금해서 찾아오는 이들에게 자신은 대항력 있는 임차인이고 보증금이 2억 원이라고 주장하고 있었다.

만약 송 씨가 대항력 있는 선순위임차인이라면 낙찰자는 임차인의 보증금 2억 원을 고스란히 인수해야 한다. 아파트를 1억 싸게 낙찰받는다고 해도 추가로 2억 원이 더 드는 것이니 아무도 입찰하지 않은 것이다.

송 씨를 가장임차인으로 볼 수 있는 근거들

그런데 등기부를 살펴보니 미심쩍은 부분이 있었다. 아파트 소유자와 임차인의 성씨가 동일하고 가운데 글자까지 같아 가족일 가능성이 매우 높았다. 나는 송 씨가 가장임차인일 가능성을 염두에 두고 권리분석을 해나갔는데, 그를 가장임차인으로 볼 근거는 다음과 같았다.

- 아파트 소유자와 임차인이 가족관계일 확률이 높다 : 임대차보호법에서는 부부 외의 가족과의 임대차는 인정하고 있다. 하지만 실제로 가족 간에 임대 보증금을 내고 계약을 하는 경우는 많지 않다. 송 씨 역시 정황상 보증금을 주고받은 임차인이 아닐 가능성이 높아 보였다.
- 임차인 신고를 하지 않았다 : 송 씨는 자산관리공사에 공식적으로 임차인 신고를 하지 않았다. 자신이 실제 임차인이라면 살고 있는 주택이 공매로 매각될 때 자신의 임대차 내역을 신고하는 것이 상식적이다. 하지만 그는 찾아오는 사람들에게만 자신이 대항력 있는 임차인이라고 주장할

뿐 공식 신고는 하지 않았다.

▪ 은행권에서 대출을 해준 정황이 있다 : 세 번째 이유는 채권자 은행이 이 아파트를 담보로 대출을 해주었다는 점이다. 해당 아파트는 처음에 보험회사에서 대출을 받아 근저당 설정을 했다가 1년 후 대출금을 상환하고, 다시현재의 근저당권자인 은행으로 갈아타면서 대출 금액을 더 올려서 대출을 받았다. 그런데 처음 대출을 해준 보험회사의 근저당 설정 일자보다송 씨의 전입일자가 더 빨랐다. 일반적으로 금융권에서 대출을 해줄 때는 전입신고 사항을 확인하기 마련이다. 만약 송 씨가 임차인으로 있었다면 보험회사는 대출을 해주지 않았을 것이다. 선순위임차인의 보증금이 2억 원이나 있는 아파트에 대출을 해줄 리가 없기 때문이다.

백번 양보해서 보험회사에서 운 좋게 대출을 해주었다 하더라도 은행에서도 같은 아파트에 대출을 해주었다는 것은 납득하기 어렵다. 두 군데의 채권자가 기본적인 대출절차를 무시하고 대출해주었을 리는 없기 때문이다. 아마도 보험회사와 은행은 송 씨가 임차인이 아니라는 확인이되었기 때문에 대출을 해주었을 것이다.

채권자 은행에 사실 관계를 확인하다

■

내친 김에 채권자 은행에 전화를 해보았다. 우선 보험회사에 전화를 해송 씨가 전입신고가 되어 있는 상황에서 어떻게 대출이 되었는지를 물었다. 담당자는 확인해줄 수 없다고 했다. 보험회사는 이미 대출금을 다 회수한 상태였기에 아무 관계없는 제3자에게 대출 당시 상황을 설명해줄이유가 없었던 것이다. 하지만 현재의 채권자 은행은 달랐다. 그들은 송씨로 인해 이 아파트 가격이 계속 유찰돼 채권을 모두 회수하지 못하고 일부 손실을 볼 상황이었다. 아파트의 공매 가격이 대출금 이하로 내려간 원인은 순전히 임차인으로 보이는 송 씨 때문이었다. 채권자 은행의 담당자는 당시 대출 정황에 대해 친절하게 설명해주었다.

"임차인이라고 주장하는 송 씨는 그 아파트 소유자의 친오빠입니다."

예상대로였다. 송 씨는 이 아파트의 실제 주인으로, 자신의 명의로 부동산을 가지고 있을 수 없는 상황이라 여동생 명의로 소유권을 이전해놓고 자신이 이 아파트에 거주하고 있었던 것이다. 통화가 끝날 무렵, 담당자는 뜻밖의 사실까지 알려주었다.

"여동생이 대출을 받을 당시에 송 씨가 자신이 임차인이 아니라는 확인서를 은행에 제출했어요. 그래서 대출을 해주었던 것입니다."

이 정도라면 송 씨가 임차인이 아니라는 것을 확신할 수 있다.

실수요 아파트를 1억 싸게 낙찰받다

여러 정황과 송 씨가 임차인이 아니라는 확인서가 있다는 것을 근거로 나는 회원에게 입찰을 권유했다. 공매로 나온 물건이기에 경매보다는 낙찰받을 확률이 높아 보였다. 물론 공매는 인도명령신청을 할 수 없기 때문에 낙찰받으면 임차인이라고 주장하는 송 씨와 명도소송이 불가피하겠지만, 이 정도의 근거라면 소송해도 이길 가능성이 높았다.

카페 회원은 권리관계에서 일말의 위험을 감수해야 하지만, 아파트를 1억 원 이상 싸게 매입할 기회였으므로 심사숙고 끝에 입찰하기로 했다. 입찰 결과를 확인해보니 예상 외로 단독 입찰이었다. 이 정도의 정보는 다른 투자자들도 충분히 확인할 수 있는 것이라서 확실하게 낙찰받을 것이라고는 예상하지 못했는데, 의외의 수확이었다.

가장임차인 송 씨를 만나다

■

낙찰 후 바로 송 씨를 만났다. 예상대로 송 씨는 강경하게 맞섰다.

"저는 보증금 2억 원에 이 아파트에 살고 있는 임차인이 맞습니다. 당신들이 잔금을 납부하고 명도소송을 한다면 나도 변호사를 선임해서 대항할 겁니다. 이제라도 잔금을 납부하지 않는 게 좋을 겁니다."

송 씨가 강경하게 나오자 낙찰자인 카페 회원은 내심 걱정하는 눈치였다. 하지만 나는 이 정도의 반응은 충분히 예상하고 있었고, 잔금을 납부하면 분위기가 달라질 것으로 판단했다.

물론 선순위가장임차인 물건의 경우 투자자 입장에서 권리관계를 확인하는 데 한계가 있기에 100% 가장임차인이라고 확신할 수는 없다. 하지만 이 물건이 가장임차인 물건이라고 확신한 데는 그만한 근거가 있었다. 소유자와 임차인이 가족관계라는 것, 보험회사와 은행 두 군데에서 대출을 해주었고, 두 번째 은행에서 점유자가 임차인이 아니라는 확인서까지 받았다는 사실 정도면 설령 소송까지 가더라도 질 확률은 없다고 보았다. 나는 카페 회원에게 잔금을 납부하도록 권유했다.

잔금을 납부하고 명도소송을 시작하다

■

잔금을 납부하고 나서 바로 명도소송을 진행했다. 법원경매는 인도명령신청제도가 있어 인도명령을 하기가 비교적 수월한 편이다. 반면 공매는 아직까지 인도명령신청제도가 없기 때문에 점유자를 내보내려면 정식으로 명도소송을 진행해야 한다. 명도소송을 하면 보통 법적 절차에 따라 6개월 정도의 시간이 소요되는데, 이 물건은 상대가 적극적으로 임차인이라고 주장하고 있으므로 시간이 더 걸릴 거라고 예상했다.

나는 카페 회원의 명도소송을 맡은 변호사에게 내가 확인한 정황들을 설명하고 보험회사와 채권자 은행에 대출 당시의 서류에 대한 사실 조회 신청을 할 것을 권유했다. 그리고 임차인이라고 주장하는 송 씨에게 임대차 계약서와 보증금을 지급하였다는 증거 자료를 제출하도록 요청했다. 이로써 소송이 진행되었고, 몇 번의 사실 관계 확인 끝에 결국 우리가 승소하였다. 곧 명도 결정이 떨어졌고 약 10개월 만에 드디어 점유자인 송 씨를 이사 보낼 수 있었다.

이 물건은 공매로 진행된 덕분에 경쟁률이 높지 않았고, 권리관계가 복잡한 선순위가장임차인 물건이라 시세보다 1억 원가량 싸게 낙찰받을 수 있었다. 물론 소송을 진행하고 명도까지 하는 데 약 10개월의 기간이 소요되기는 했지만, 만족할 만큼 싸게 낙찰받을 수 있었다.

수 익 률 표

- 감정가 : 4억 8,000만 원
- 낙찰가 : 3억 5,800만 원
- 소송 및 기타 비용 : 약 2,000만 원

* 선순위가장임차인의 아파트를 1억 원 싸게 매입하여 실수요로 입주하였음.

CHAPTER 3

상가
분양받지 말고
경매로 사라

은퇴 대비자들을 위한 상가투자

부동산 시장이 침체되고 연 2%를 밑도는 저금리 기조가 계속되고 있다. 금융권 예·적금의 금리가 높지 않다 보니 단 몇 %의 수익률이라도 더 얻으려는 투자자들의 돈이 상가나 오피스텔, 다가구 등 수익형 부동산으로 몰리고 있다. 부동산 투자에 소극적이던 사람들까지 은행 금리보다 수익률이 높은 투자처를 찾아 움직이고 있다.

특히 서서히 은퇴를 준비해야 하는 40대 이후의 직장인이라면 은퇴 후의 안정적인 수입원으로 수익형 부동산을 눈여겨보고 있을 것이다. 40대 이상의 직장인들은 인생에서 가장 수입이 많은 시기를 보내고 있다. 하지만 임원으로 승진하지 않는 이상 곧 퇴직을 해야 하는 처지에 놓여 있기 때문에 미래에 대한 불안과 심리적인 부담감 또한 어느 때보다 큰 시기이기도 하다. 막상 퇴직을 한다고 해도 은행 금리가 떨어져 퇴직금으로 받은 목돈을 은행에 예치해두는 것만으로는 노후를 안정적으로 보내기가 어렵고, 더 나이가 들면 자신의 노동력으로 일자리를 찾기도 쉽지 않을 테니 말이다.

사정이 이러하다 보니 발 빠른 사람들은 새로운 수익을 낼 투자처를 알아보기 위해 분주히 움직인다. 최근 경매 강의를 듣는 사람들 중에도 이런 사람들이 상당히 많다. 특히 요즘은 고용 불안 때문에 20~30대

직장인도 재테크의 하나로 경매 강의를 듣는 경우가 상당히 많다.

한국사회에서 은퇴 수순에 이른 사람들이 선택할 수 있는 길은 그다지 많지 않다. 우선 퇴직금 2억~3억 원을 가지고 개인 사업을 벌이는 것을 생각해볼 수 있는데, 한 분야에 꾸준히 관심을 갖고 지식을 쌓아온 것이 아니라면 이 또한 위험 부담이 크다. 실제로 자영업자의 80%가 손해보고 문을 닫는 것이 현실이다. 늘 이기는 게임에만 투자한다는 원칙을 가지고 있는 나로서는 이길 확률이 20%밖에 되지 않는 게임을 한다는 것은 권장하고 싶지 않다.

그러다 보니 대부분의 사람들이 안정적인 수입을 가져다줄 투자처에 관심을 갖는다. 그래서 최근 떠오르는 것이 임대수익을 낼 수 있는 수익형 부동산이다. 경매 강의를 들으러 오는 수강생 중에는 이미 부동산 지식을 상당히 알고 있고, 도시형 생활주택 등에 투자를 하고 있으면서 더 나은 투자처를 찾기 위해 강의 신청을 한 경우도 있다. 이미 임대수익을 내고 있으면서도 거기에 만족하지 않고 더 나은 투자로 갈아타기 위해 끊임없이 공부하고 움직이고 있는 것이다.

하지만 수익형 부동산에 투자하는 것도 현실적으로 쉬운 일은 아니다. 수익형 부동산의 대표적인 것이 다가구나 상가인데, 40대 후반의 직장인이 2억~3억 원의 퇴직금을 가지고 다가구를 매입한다는 것은 현실적으로 불가능하기 때문이다. 서울의 다가구는 12억 원 정도의 자금이 필요하고, 지방의 다가구라 할지라도 대략 7억~8억 원의 자금은 가지고 있어야 가능하다. 이는 대출을 끼고 지방의 다가구를 산다고 해도 수중에 최소 3억~4억 원의 현금은 가지고 있어야 투자를 해볼 수 있다는 말이다.

사정이 이러하니 가장 만만하게 해볼 수 있는 것이 상가를 분양받는 것이다. 상가 한 호수 정도는 대출을 끼고 2억~3억 원이면 충분히 매입할 수 있기 때문이다. 경매 강의를 시작할 때 종종 수강생들에게 부모님이 상가를 분양받은 적이 있는지 물어보는데, 요즘은 수익형 부동산에 관심이 많아서인지 이전보다 상가를 분양받거나 투자하는 경우가 많이 늘었다.

하지만 경매투자를 하고 있는 내 입장에서는 상가를 분양받는 것도 그다지 매력적인 투자가 아니다. 경매를 통해 상가를 매입해보면 상가를 분양받는 것이 얼마나 경쟁력이 없는지 실감할 수 있다.

상가는 분양받을 때가 가장 비싸고, 중심 상권이 아닌 이상 시간이 지나면 가격이 점점 떨어진다. 분양가 3억 원짜리 상가가 경매로 나오면 보통 1억 5,000만 원 정도에 낙찰이 된다. 서울 번화가의 상가나 1층 상가가 아닌 이상 분양가의 40~60% 선에서 낙찰가가 형성되는 것이다.

경매 낙찰가가 1억 5,000만 원인 상가를 3억 원에 분양받는다면 나중에 매매차익을 노리고 매각할 수가 없다. 분양가보다 낮은 가격에 손해를 보고 팔고 싶어 하는 사람은 없을 테니 말이다. 분양받은 상가를 계속 보유하면서 임대수익을 기대한다고 해도 애초에 분양가가 높았기 때문에 8% 이상의 수익률을 기대하기는 어렵다. 물론 이 정도의 수익률도 은행 금리보다는 높은 편이지만, 나에게는 매력적인 투자라고 할 수 없다.

그래서 나는 경매 강의를 듣는 사람들에게 상가는 절대 분양받아서는 안 된다고 강조한다. 서울 강남 중심가의 상가가 아닌 이상 상가를 분양받아서 차익을 내고 매매하는 것은 꿈도 꿀 수 없는 일이고, 수익률도 매력적이지 않기 때문이다. 이는 경기도부터 광역시까지 예외가 없다.

내가 경매로 매입하는 상가들은 감정가 1억 5,000만 원에 낙찰가가 대부분 4,500만 원에서 5,000만 원 사이이다. 그런 상가를 경매로 낙찰받으면 임대수익이 25% 이상 나올 수 있지만, 분양을 받는다면 7%의 수익률도 기대하기가 어렵다. 따라서 은퇴 후에 상가로 임대수익을 얻고 싶다면 조금 발품을 팔더라도 경매로 매입하는 것이 유리하다.

경매로 분양가의 40% 선에서 상가를 낙찰받으면 평균 수익 15%를 내는 것은 어렵지 않다. 또 초기 투자금이 많이 들지 않았으니 몇 년 보유하다 보면 투자금을 전부 회수하고, 통장에 꼬박꼬박 쌓이는 임대수익까지 얻을 수 있다. 만약 목돈이 필요하거나 적당한 매수자가 나타났을 때 매도한다고 해도 애초에 싸게 낙찰받았기 때문에 충분히 차익을 낼 수 있다. 분양상가와는 비교가 안 되는 좋은 투자인 셈이다.

내 입장에서는 늘 30% 이상의 수익률을 내는 상가를 목표로 고르기 때문에 전국 단위로 물건을 샅샅이 검색해야 하지만, 만약 15% 정도의 수익을 기대하고 상가 물건을 검색한다면 그런 물건은 경매 시장에서 어렵지 않게 발견할 수 있다. 그러니 은퇴 후에도 안정적인 임대수익을 올리고 싶다면 경매로 상가에 투자하라고 권한다.

불안한 노후, 상가투자로 대비하라

최근 부동산 가격이 하락하면서 많은 사람들이 투자에 적극 뛰어들기보다는 관망세로 돌아서고 있다. 실제로 집값 하락이 계속되고 있는 요즘 같은 시기에는 경매로 조금 싸게 부동산을 매입한다고 하더라도 시세차익을 노리고 팔기가 어렵기 때문에 섣불리 투자해서는 안 된다. 아파트 한 채를 사놓고 집값이 오르기를 기다리는 소극적인 투자도 이제는 가능하지 않다.

그러다 보니 요즘 직장인들은 은퇴 후에 안정적인 수익을 내는 자산을 갖는 것이 꿈이라고 한다. 고향에서 남부럽지 않은 노후를 보내고 있는 지인이 있는데, 그가 풍요로운 노후를 보낼 수 있는 결정적인 이유는 월 임대소득이 1,000만 원 정도가 나오는 부동산을 소유하고 있기 때문이다. 서울에서는 모르겠지만, 지방에서 매달 1,000만 원의 임대수익이 나온다는 것은 상당히 풍요로운 생활이 가능하다는 얘기이다. 그의 임대수익은 다가구 두 채와 토지에서 나온다. 자녀들은 이미 결혼해서 독립한 상태고, 부부가 부동산을 관리하면서 자녀들에게 용돈도 주면서 여유로운 노후를 즐기고 있다. 그는 젊어서부터 경매를 한 것은 아니지만, 일찌감치 부동산 투자의 가능성을 알아보고 물건을 찾다 보니 좋은 수익을 낼 다가구와 토지를 매입할 수 있었다고 한다. 어쨌든 60대 중반에 월 1,000만 원의 안정적인 임대수익을 내고 있다는 사실은 누구나 부러워할 만한 일이다.

평범한 직장인들은 꿈도 못 꿀 정도로 많은 수입을 벌어들이고 있는 유명인들이라고 해서 다르지 않다. 그들도 자신의 노동력 외에 안정적인 수익을 얻을 수 있는 투자 방식을 끊임없이 물색하고 있다. 연예인이나 스포츠 선수가 강남에 빌딩을 샀다는 이야기가 기삿거리가 되는 것도 바로 그 때문이다.

물론 나 같은 전업 투자자 입장에서는 서울에 빌딩 한 채를 구입해 임대수익을 내는 것은 투자 금액과 수익률로 따져봤을 때 그리 매력적인 투자는 아니다. 빌딩 한 채를 매입하는 데 드는 투자금도 만만치 않지만, 수익률 또한 잘해야 5% 수준일 것이기 때문이다. 그런데도 너도나도 좋은 입지의 빌딩을 매입하기를 원하는 것은 그만큼 매력적인 투자처가 흔치 않기 때문일 것이다.

그렇다고 손을 놓고 있을 수는 없기에 여유자금이 있는 사람들은 조금이라도 수익률이 높은 물건을 찾아 끊임없이 발품을 팔고 있다. 주택과 토지 시장에서 더 이상 매력을 찾지 못한 투자자들은 이제 은행 금리 이상의 임대수익을 기대할 수 있는 수익형 부동산에 관심을 보이고 있다. 특히 퇴직 후 임대수익을 기대할 수 있고 사업 구상도 할 수 있는 상가투자에 대한 관심이 부쩍 늘었다. 실제로 임대사업은 양도세와 종합부동산세 등 각종 세금 고민을 덜 수 있고, 연 6~10% 이상의 안정적인 수익을 기대할 수 있어 퇴직 후의 재테크로 추천할 만하다.

나도 법정지상권 물건에 투자하는 틈틈이 상가 물건에 투자해왔는데, 특수물건에서 홈런을 칠 때의 기쁨도 크지만, 상가에서 매달 들어오는 임대수익만큼 매력적인 것도 없다. 우리 카페 회원들 중에도 일찌감치 수익형 부동산에 투자해 매달 꼬박꼬박 통장에 찍히는 임대수익의 기쁨을 맛보고 있는 사람들이 적지 않다.

하지만 퇴직이 얼마 남지 않은 시점에 이런 고민을 시작하면 그때는 너무 늦다. 퇴직하고 나면 가지고 있는 자산은 기껏해야 1억~2억 원 정도의 현금과 대출을 끼고 산 아파트가 전부일 것이다. 매달 들어오는 월급도 기대할 수 없는 상황일 테니 그 정도의 자산을 가지고 그때부터 투자처를 찾는다는 것은 매우 불안한 일이 아닐 수 없다. 그렇다고 이제 사회에 첫발을 내딛던 자녀들에게 생활비를 받아 쓸 수도 없는 노릇이다.

결국 스스로 벌어서 노후를 해결할 수밖에 없는데, 그때는 자신의 노동력으로 할 수 있는 일이 별로 없다는 것도 문제이다. 그러니 비록 모아놓은 돈이 많지 않더라도 직장을 다니고 있는 지금부터 차근차근 계획을 세워 투자를 해야 한다. 퇴직 전에 부지런히 움직여 매달 임대수익이 나오는 수익형 부동산을 보유하고 있다면 남부럽지 않은 노후를 맞이할 수 있을 것이다.

분양상가의 거품에 주의하라

퇴직을 앞두고 노후를 고민하는 사람들이 가장 혹하기 쉬운 것이 바로 상가투자이다. 상가를 분양받아 안정적인 임대수익을 올리겠다는 것이다. 실제로 상가 분양업체들은 9~10%의 안전한 수익률을 보장한다고 장담한다. 그러나 속내를 들여다보면 실제로는 해당 상가의 수익률이 5%도 안 되는 경우가 매우 많다.

특히 분양업체가 제시하는 수익률에 현혹되어 분양상가를 매입해서는 절대로 안 된다. 분양업체들도 나름대로 투자비, 월수입, 이자 등을 제시하고는 있으나 꼼꼼하게 따져보면 여기에는 과장된 측면이 많다. 실제로 상가에 투자할 때는 분양업체가 제시한 임대수익 외에 여러 가지 비용을 더 염두에 두어야 한다. 상가가 공실로 있는 기간을 감안해야 하고, 재산세가 일반주택의 3배라는 것도 알고 있어야 한다. 따라서 상가에 투자할 때는 분양업체가 제시하는 수익률을 그대로 믿기보다는 스스로 판단하고 수익률을 계산할 수 있어야 한다.

보통, 상가는 분양할 때가 가장 비싸고 이후로 계속 가격이 떨어진다.

신도시에서 상가를 분양하고 3년 차가 되면 분양이 안 된 상가와 공사비 대물로 받은 상가가 경매 시장에 나오기 시작한다. 그렇게 1년 정도 열심히 경매가 되고 나면 그제야 해당 지역 상가의 임대가가 평당 200만~300만 원 선으로 안정이 된다.

상가의 분양률과 수익률을 알고 있는 나로서는 상가를 지어 분양하는 건축주들이야말로 대단한 모험심의 소유자가 아닌가 생각된다. 그런데 더 놀라운 것은 그러한 상가건물이 성공적으로 분양되는 사례가 적지 않다는 것이다. 왜 그럴까? 상가 분양을 맡아서 하는 분양 전문업체가 '선수'들이기 때문이다. 그들은 분양을 하지 못하면 수수료를 받을 수 없기 때문에 어떻게 해서든 투자자들의 계약서를 받아낸다. 이런 일이 가능한 것은 분양업체의 말만 믿고 무턱대고 분양을 받는 눈먼 투자자들이 있기 때문이다. 폄하하고 싶지는 않지만, 이들 대부분이 처음 투자를 하는 50~60대들이다. 자신만의 투자 마인드가 없다 보니 임대수익의 유혹에 쉽게 휩쓸리는 것이다.

분양상가를 매입하면 상가 소유주는 상가를 팔고 싶어도 못 판다. 현실적으로 이를 팔려면 분양가에는 어림도 없고, 대부분 손해를 감수하고 팔아야 한다. 분양상가의 임대수익률 또한 잘해야 5~7%에 불과하다. 사정이 이러하기 때문에 상가를 분양받아서 임대를 준다면 사실상 만족할 만한 수익률을 기대하기가 어렵다. 경기도를 포함한 지방일수록 이런 현상은 더욱 뚜렷해진다. 프리미엄이 붙는 것은 서울 중심가 몇 군데뿐이다.

만약 분양상가에 투자하고자 한다면 그나마 1층 상가가 가장 안전하고 공실률도 적다. 하지만 1층 상가는 분양가가 높기 때문에 자금이 어느 정도 있어야 공략할 수 있다. 또 다른 층에 비해 공실이 될 우려는 적 겠지만, 투자금 대비 수익률이 매우 낮은 편이다. 따라서 자금이 여유롭 지 않은 투자라면 꼼꼼히 따져보지 않고 분양상가를 매입하는 것은 피해야 한다.

내가 잘 아는 지역의 물건부터 시작하라

이런 이유로 나는 카페 회원들에게 분양상가는 절대 사지 말라고 거듭 강조한다. 경매를 통해서라면 훨씬 적은 자금을 가지고도 상가를 매입 할 수 있고, 투자 대비 높은 임대수익을 기대할 수 있기 때문이다. 물론 경매 물건 중에서 임대가 잘 나갈 만한 상가를 고르고, 적당한 가격에 낙찰받는 데까지는 상당한 수고를 들여야 하겠지만 말이다. 그렇게 얻 는 상가는 충분히 만족스러운 수익률로 보답할 것이다. 그럼 우리 카페 회원 중에 경매로 상가를 매입해 좋은 수익률을 내고 있는 사례가 있어 소개한다.

2008년 1월, 인천 주안역 상업 지역 중심부의 사거리에 있는 한 빌 딩에 지하 2층의 100평짜리 상가가 나왔다. 해당 투자자는 감정가 3억 2,000만 원의 상가를 1억 5,300만 원에 낙찰받고 바로 등기를 했다. 그 가 상가를 싸게 낙찰받을 수 있었던 것은 이 상가에 유치권이 걸려 있었 기 때문이다. 유치권 신고자인 임차인이 주점으로 사용하고 있던 상가 인데, 조사 결과 임차인이 자신의 영업을 위해 인테리어를 하고 설비를 한 비용에 대한 유치권이었던 것이다. 유치권이 성립되지 않는다는 것을 알면서도 불안해서 이 투자자는 나에게 여러 번 질문을 했다. 그는 낙찰받고 명도하는 과정에서 유치권이 가짜인 것은 알았으나 대출 등 여러 가지 문제로 세입자에게 900만 원을 주고 이사를 보냈다고 한다.

그는 세입자를 내보내는 것까지는 잘 마쳤는데, 임대를 주는 것이 마음대로 되지 않았다고 했다. 비록 지하 2층의 상가였지만 지하 1층이 주차장이었고, 외부에서 곧바로 지하 2층으로 내려가는 계단이 있어 입지적으로 나쁘지 않았다. 하지만 연초라 그런지 사람들의 소비 심리가 위축되어 있었고, 상가 앞 건물이 공사중으로 수개월간 지저분한 환경에 방치되어 있어 많은 사람들이 다녀갔으나 세입자를 구하는 것은 쉽지 않았을 것이다.

그렇게 그는 몇 개월을 보내고 드디어 9월에 세입자가 구해지는 듯했으나 이마저도 불발되고 말았다. 당시 세입자는 노래주점을 운영하려고 했는데, 이러한 영업 방식은 투자자가 선호하지 않았고 세입 예정자 또한 세금 문제로 포기 의사를 밝혔기 때문이다. 결국 얼마 후 플랜카드를 보고 찾아온 프랜차이즈 가맹점과 보증금 3,000만 원에 월세 250만 원으로 계약을 체결할 수 있었다.

수 익 률 표 ─────────────

- 감정가 : 3억 2,000만 원
- 낙찰가 : 1억 5,300만 원
- 세금 포함 총 비용 : 1억 8,300만 원
- 은행 대출 : 1억 2,000만 원(월 이자 약 80만 원)
- 임대 계약 : 임대 보증금 3,000만 원 | 월세 250만 원
- 실투자금 3,300만 원에 월 임대수익 약 170만 원 발생.
  1년 반이 지나면 투입한 모든 금액을 회수할 수 있고, 이후에는 투자금 없이 순수익만 발생.

세입자를 구하면서 이 투자자는 투자자로서 입찰 당시 상가의 쓰임새에 대한 고민이 부족했다고 고백했다. 그는 막연히 이 상가를 낙찰받으면 호프집이나 주점으로 임대할 것이라고 예상했다고 했다. 당시에는 일정 정도 평수 이상의 상가라면 프랜차이즈 가맹점으로 계약할 수 있다는 사실을 꿈에도 생각하지 못했던 것이다. 그는 이처럼 적극적인 전략이 부족했던 탓에 다소 어렵게 세입자를 구하게 된 셈이다.

한 가지 덧붙일 것은, 상가를 낙찰받고 세입자를 구할 때는 반드시 플랜카드를 붙이라는 것이다. 그가 낙찰받은 상가도 부동산에서 지속적으로 광고하고 여러 사람이 보고 갔으나 결국 플랜카드를 보고 찾아온 세입자와 계약할 수 있었다. 프랜차이즈 가맹점의 경우 부동산의 복비와 권리금이 없는 것을 선호하기 때문에 플랜카드를 붙이고 직접 거래를 하면 계약하기가 더 수월하다.

결국 이렇게 하여 실투자금 3,300만 원에 월 수익이 약 170만 원이 나오는 상가를 자신의 명의로 가질 수 있게 되었다. 세입자를 구하는 데까지 다소 애를 먹기는 했지만, 그는 입찰 전에 상권 조사를 충분히 했고 투자한 상가에 대한 확신이 있었기 때문에 결국 좋은 수익을 얻을 수 있었다고 했다. 이 상가는 1년 반이 지나면 투입한 모든 금액을 회수하고 그 이후에는 순수익만 발생하게 될 것이란 기대를 한다면서 이 물건에 대한 사례를 카페 게시판에 올렸다.

이처럼 경매로 상가를 매입하면 분양상가에 비할 수 없는 고수익을 낼 수 있기 때문에 누군가 상가를 분양받아 임대수익을 내겠다고 하면 나는 무조건 반대할 것이다. 물론 자산이 아주 많아 5%대의 임대수익도 상관없다면 말리지는 않겠다. 하지만 30% 이상의 수익을 바라볼 수 있는 경매투자를 마다하고 분양상가를 매입한다는 것은 그리 현명한 태도가 아니다. 물론 경매로 상가에 투자할 때는 가격이 싸다고 무조건 입찰하는 것이 아니라 철저한 현장 조사를 통해 주변 상권을 분석하고, 적절한 입찰가를 정해야 한다.

이 물건은 주안역의 지하상가로 주안역의 구조에 대해 잘 모르는 투자자라면 지하층이라는 점에서 관심을 두지 않을 물건이었다. 임대료나 임대 가능 여부를 외부인이 판단하기는 쉽지 않기 때문에 철저한 현장 확인이 필요한 상황이었지만, 이 투자자의 경우 자신이 살고 있는 지역인 데다 지역 상황을 잘 알고 있기에 충분히 임대가 가능하다는 판단을 할 수 있었다. 자신이 잘 알고 있는 지역의 물건이다 보니 상가투자에서 가장 중요한 물건 분석에서 매우 유리한 위치에 있었고, 상가의 가치를 정확하게 판단할 수 있었던 것이다. 따라서 초보 투자자일수록 자신이 잘 알고 있는 지역의 상가 물건을 검토하는 것이 상권을 분석하고 정확한 수익률을 내는 데 실수하지 않는 방법이다.

매매차익보다 임대수익을 노려라

경매 강의를 하다 보니 요즘은 만나는 사람들마다 수익률이 괜찮은 투자처를 묻는다. 그만큼 수익률 높은 투자처를 찾기가 힘든 시기이다.

자기가 살고 있는 아파트로 최소한의 재테크가 가능했던 시절이 있었다. 경매를 몰라도 남편 연봉보다 집값이 올라 재미를 본 사람들도 적지 않았다. 그러나 더 이상 아파트로 큰 시세차익을 기대하기 어려운 요즘은 매력적인 투자처를 찾기가 쉽지 않다. 은행 금리가 2% 이하로 떨어진 요즘 물가상승을 생각하면 이제는 은행을 통하여 현금자산으로 수익을 얻기 힘든 상황이다. 그러다 보니 직장인이든 투자자든 조금이라도 수익률이 높은 투자처를 찾기 위해 혈안이 되어 있다. 그런 사람들에게 내가 추천하는 것은 어김없이 경매투자이다.

물론 지금은 예전처럼 일반 경매로는 수익을 내기가 쉽지 않은 것이 사실이다. 아파트를 싼값에 낙찰받아 시세차익을 내는 것은 생각할 수 없고, 권리관계가 깨끗한 물건에는 투자자들이 몰려 낙찰받기도 쉽지 않다. 하지만 경매에는 경기의 영향을 받지 않는 법정지상권 같은 틈새시장이 있고, 임대수익을 꾸준히 올릴 수 있는 수익형 부동산도 존재한다.

내가 주로 투자하는 법정지상권 물건은 지상권(토지를 사용할 수 있는 권리)이 성립되지 않는 땅을 낙찰받아 건물주에게 합리적인 가격에 파는 것으로, 경기의 흐름을 타지 않는 틈새시장이다. 하지만 굳이 법정지상권까지 도전하지 않더라도 다가구나 상가 같은 수익형 부동산에 투자하는 것은 여전히 매력적인 투자 방법이다. 특히 은행 금리가 갈수록 낮아지고 있는 요즘 같은 시기에는 수익형 부동산이야말로 은행 이자보다 훨씬 나은 재테크로 각광받을 만하다.

실제로 경매로 상가에 투자할 때는 낙찰받아서 시세차익을 내고 팔기보다는 장기간 보유하면서 은행 금리보다 높은 임대수익을 내겠다는 목표로 접근하는 것이 바람직하다. 물론 임대수익을 내다가 적당한 시기에 매수자가 나타나면 낙찰가보다 높은 가격으로 매도해서 차익을 내는 것도 전혀 문제될 것이 없다. 다만 그간의 투자 경험으로 봤을 때 상가 물건은 단기간에 매수자를 찾기가 쉽지 않고, 오래 가지고 있으면 원금을 다 회수하고도 임대수익을 꾸준히 낼 수 있기 때문에 매도하는 데 너무 연연할 필요가 없다고 본다.

지금까지 상가투자를 하면서 가장 아쉬웠던 점은 경매로 매입한 상가를 여러 차례 매각했다는 사실이다. 전업 투자자로서 여러 가지 물건에 투자하다 보니 투자 자금이 필요한 시기에 상가 매수자가 나타나면 적절한 가격에 매각해서 차익을 실현하곤 했는데, 여러 해 지나서 돌아보면 매각한 상가들이 모두 아깝게 느껴진다. 경매로 싸게 매입했기 때문에 적절한 시세차익만 실현되면 늘 싸게 매각하곤 했는데, 지금은 당시와 달리 자금 유동성이 나아져 그냥 임대수익을 얻으며 보유했더라면 더 좋았을 것이라는 아쉬움이 남는다. 상가는 보유하고 있을수록 수익률이 높아진다는 것을 알게 되었기 때문이다.

지금 강의장으로 쓰고 있는 대전의 상가 역시 시간이 지날수록 수익률이 오르고 있다. 5년 전에 이 상가가 경매로 나왔을 때 감정가 1억 9,500만 원의 물건을 7,950만 원에 낙찰받아 보증금 1,000만 원에 월세 60만 원으로 임대를 주었다. 은행 대출 등을 고려해보면 당시 수익률은 12%였다. 보통 상가투자에서 나의 목표는 30% 이상의 수익을 내는 것이지만, 이 물건은 실수요로 찾은 물건이라 이례적으로 수익률이 낮은 편이었다.

상가를 낙찰받고서 임대를 주고 나자 보증금을 뺀 나머지 내 돈 2,000만 원이 묶였고, 월세에서 대출이자를 충당하고도 임대수익이 매달 25만 원씩 나왔다. 그러다 1년이 지나서 대출을 1,000만 원 더 받을 수 있게 되었고, 몇 년 후에 월세를 20만 원 더 올려서 재계약을 했기 때문에 5년 후에는 투자금 1,000만 원이 묶이고 월 임대수익이 50만 원이 되었다. 5년 사이에 수익률이 12%에서 50%로 껑충 뛴 것이다.

이처럼 상가는 상권이 죽지 않는 한, 오래 보유하면 할수록 임대료가 오르기 때문에 수익률 또한 높아진다. 임대료는 연평균 6% 정도의 인상이 가능하다. 5년이 지나면 월 100만 원의 월세가 130만 원까지 상승할 수 있고, 그렇게 되면 인상된 30만 원은 고스란히 추가 수익이 된다. 은행 금리가 갈수록 떨어지고 있는 것도 유리하게 작용한다. 실제로 5년 전에는 상가 대출이자가 7%였는데 현재는 3%까지 떨어졌다. 이처럼 대출이자가 내린 만큼 수익률이 높아지는 효과가 있다. 예를 들어, 대출금리가 2% 이상 떨어지면 연 30%의 수익을 내던 상가의 수익률은 연 40%까지도 올라가므로 이 또한 무시할 수 없는 수치이다.

5 년 간 보 유 한 상 가 의 수 익 률 변 화 ————————————

· 감정가 : 1억 9,500만 원
· 낙찰가 : 7,950만 원
· 세금 포함 총 비용 : 9,000만 원
· 대출 : 6,000만 원(연 이자 7%)
· 임대 계약 : 임대 보증금 1,000만 원 | 월 60만 원

＊ 실투자금 2,000만 원에 월 이자 35만 원 제하고 25만 원 남아, 수익률 12% 실현.

5년 후 →

· 대출 : 7,000만 원(1,000만 원 추가 대출, 연 이자 5%)
· 임대 계약 : 임대 보증금 1,000만 원 | 월 80만 원(임대료 인상)

＊ 실투자금 1,000만 원에 월 이자 30만 원을 제하고 50만 원의 임대수익 발생 : 수익률 50% 실현.

이처럼 상가 수익률이 해마다 오르다 보니 예전에는 7%대의 수익률에도 투자자를 찾기 어려웠던 지방 상가도 요즘은 수요가 꽤 있는 편이다. 은행 금리 또한 3% 미만으로 떨어졌기 때문에 설사 상가의 임대수

익이 그대로라고 해도 상대적으로 더 매력적인 투자처가 되었다.

또 상가 소유자는 유지관리비가 거의 들지 않기에 임대수익이 고스란히 순수익으로 연결된다. 다가구와 같은 주택과 달리 집합건물 근린상가는 관리사무소에서 관리를 도맡아서 해주고, 관리비는 임차인이 지불하니 상가 소유자가 신경 쓸 일이 거의 없다. 공실이 될 확률이 낮은 지역의 상가에만 투자하면 더 없이 좋은 투자가 되는 것이다. 그래서 나는 만약 누군가 법정지상권 물건에 투자하지 말라고 한다면, 주저 없이 상가투자에 올인할 것이다. 그만큼 상가는 투자가치가 있는 매력적인 물건이다.

수익률 높은 상가, 전국 단위로 검색하라

경매투자를 시작하는 초보 투자자들은 처음에는 대부분 아파트나 빌라에 관심을 갖는다. 이러한 물건들은 물건 분석이 어렵지 않고, 몇 군데 부동산만 확인하면 시세 파악도 가능하기 때문이다. 하지만 일반물건일수록 진입장벽이 낮기 때문에 경쟁자도 많고 입찰가도 높아지는 것은 어쩔 수 없다. 실제로 요즘은 아파트나 빌라의 낙찰가가 급매가에 육박해 실수요가 아닌 이상 낙찰받아도 수익을 내기가 어렵다.

그러다 보니 경매의 경험이 쌓일수록 좀 더 수익률이 높은 물건으로 투자 방향이 옮겨가게 된다. 그중 하나가 바로 상가이다. 경매로 나온 상가는 감정가와 최초 분양가가 거의 비슷한데, 낙찰가는 40~60% 수준이므로 시세보다 훨씬 저렴하게 매입할 수 있다.

다만 상가는 규모와 입지, 가치 등이 각기 달라 아파트나 빌라에 비해 가치를 판단하는 일이 어렵다는 것이 걸림돌이다. 따라서 상가에 투자하려는 사람들은 현장을 충분히 돌아보고 열심히 상권을 분석하고, 주변의 임대가를 확인해서 해당 물건의 임대가를 추정해야 한다. 부동산 중개인들도 자신이 중개하는 상가 외에는 정확한 임대가를 알지 못하므로 투자자 스스로 정확한 근거를 가지고서 입찰가를 다소 보수적으로 산정해야 한다.

　경매로 상가를 낙찰받는 것이 매력적인 이유는 서울 상권을 제외한 경기도와 광역시의 3층 이상 근린상가의 낙찰가가 감정가의 40~60% 수준에 불과하기 때문이다. 실제 건물의 건축비에도 미치지 못하는 가격에 낙찰되는 것이다. 이런 물건 중에는 영업이 잘되지 않아서 나온 물건도 있지만, 소유자의 다른 채무로 인해 매각되는 경우도 있다. 따라서 그런 물건을 잘만 고를 수 있다면 만족할 만한 임대수익을 내는 것도 어렵지 않다. 이런 메리트 때문에 상가는 투자 대비 연 15%의 수익을 내는 물건을 찾는 것은 정말 어렵지 않다. 연 30% 이상의 수익을 내는 물건을 고르는 것도 가능하다.

　또 수익형 부동산에 관심이 있는 투자자들이라도 상가보다는 일반 다가구 주택을 더 선호하는 경향이 있다. 하지만 투자자 입장에서는 상가와 같은 집합건물이 훨씬 관리하기 쉽다는 사실도 알아두어야 한다. 상가 같은 집합건물은 관리사무소에서 일괄적으로 관리하기 때문에 소유자가 신경 쓸 일이 별로 없다. 또 상가는 인테리어 등의 기타 투자를 세입자가 알아서 하기 때문에 소유자 입장에서는 별다른 비용이 들지 않는다. 상가 건물에 공들여 인테리어를 한 세입자는 웬만하면 오랫동안 영업을 하려고 하기 때문에 공실로 두게 될 염려도 없다. 나중에 계약이 끝나 나가게 되더라도 권리금을 받아야 하기 때문에 세입자가 알아서 임차인을 구해놓고 나가는 경우가 많다. 한마디로, 상가의 소유자는 신경 쓸 일이 거의 없는 셈이다.

이처럼 상가는 관리하는 데 크게 어려움이 없기 때문에 굳이 자신의 거주지 근처의 물건이 아니더라도 충분히 투자할 수 있다. 사실, 현금투자 대비 25% 이상의 수익을 낼 수 있는 상가를 찾으려면 한두 군데로 지역을 한정해서는 매물이 많지 않다. 이때는 전국적으로 물건을 검색해야 마땅한 물건을 찾을 수 있다. 일반 투자자들은 거주지에서 먼 곳의 물건에 투자하는 것을 다소 부담스럽게 여기지만, 내 경험상 상가는 관리할 것이 별로 없기 때문에 수익률만 좋다면 위치는 큰 문제가 되지 않았다.

실제로 김해의 상가는 매입한 지 7년이 지났지만, 임차인과 계약할 때 한 번 간 것 외에는 지금까지 가본 적이 없다. 그래도 매달 임대수익이 꼬박꼬박 들어오고, 관리 비용도 거의 들지 않았다. 반면 빌라나 다가구 같은 일반주택은 임대를 주고 나서도 집주인이 관리해야 할 것이 많기 때문에 거주지에서 멀면 멀수록 비용이 많이 든다. 5년 전에 매입한 대전 신탄진의 고시텔 같은 경우, 세입자가 바뀔 때마다 도배를 해줘야 하고 보일러 수리나 배관 공사, 상수도, 하수도, 인터넷 수리와 싱크대 공사까지 문제가 생길 때마다 신경 쓸 것이 많았다. 임대수익의 상당 부분을 이러한 관리 비용으로 충당해야 하니 상가의 경우는 7~8%의 수익만 되어도 투자할 수 있지만, 다가구는 그보다 수익률이 높아야 한다는 것이 나의 생각이다.

임대가 수준에서 낙찰받을 수 있는 상가를 찾아라

상가는 기본적으로 매도를 통한 차익이 아닌 임대로 수익을 내는 물건이므로 상가 물건에 입찰할 때는 임대가를 확인하는 것이 핵심이다. 상가의 임대가를 확인하기 위해서는 반드시 현장에 가봐야 한다. 유동인구나 상권을 조사하고, 주변의 임대 매물을 확인해서 유사한 상가들의 임대 시세를 파악해야 한다. 인근 부동산을 통해 주변 상권의 현황과 매물들의 시세도 확인해야 한다. 이렇게 발품을 팔다 보면 매각으로 나온물건의 임대 시세를 어느 정도 추측할 수 있다.

놀랍게도 경매로 나온 1, 2층을 제외한 3층 이상의 상가 물건은 감정가의 50% 수준에서 매각되는 것이 일반적이다. 가령, 감정가 3억 원짜리 상가의 낙찰가는 1억 5,000만 원 정도이고, 이는 분양 평수로 평당 200만 원 안팎에서 매각이 이뤄지는 것이다. 그래서 투자자 입장에서 상가의 감정가와 분양가는 그리 큰 의미가 없다.

상가 물건에 투자할 때 가장 핵심이 되는 것은 임대가를 정확하게 산정하는 것이다. 임대가를 확인했다면 그에 맞춰서 입찰가를 정하면 된다. 서울과 지방의 1층 상가를 제외하고는 대부분의 상가가 임대가 수준이나 임대가보다 약간 낮은 가격에 낙찰된다. 그래서 상가 물건을 잘 찾으면 연 30%의 수익을 내는 물건을 찾는 것도 어렵지 않다.

보통 분양상가 건축주들이 눈먼 투자자들에게 9~10%의 안전한 임대수익률을 올릴 수 있다고 강조하지만, 사실 기타 경비와 공실인 기간을 빼면 실제 임대수익률은 5% 수준이라고 봐야 한다. 물론 은행 금리

분양업체에서는 분양상가의 수익률을 9~10%라고 강조하지만 이를 곧이곧대로 믿어서는 안 된다. 밖으로 드러나는 표면적인 수익률 외에 상가투자에 들어가는 다른 비용들이 더 있기 때문이다. 상가는 수익성 부동산으로 주거용보다 재산세가 3배나 높고 세입자가 바뀔 때마다 중개수수료도 비싸게 물어야 하며, 세입자가 드나들 때 공실로 있는 경우도 감안해야 한다.

따라서 경매로 나온 상가의 예상 임대가를 정할 때는 되도록 보수적으로 산정해야 실수가 없다. 투자자 입장에서 상가 물건의 입찰가는 임대가의 110% 수준이 적당하다. 물론 임대가의 110% 수준에서 낙찰받을 수 있는 상가 물건을 찾기가 쉽지 않아 보이지만 나의 투자 경험상 공을 들여 찾아보면 그런 물건도 얼마든지 있었다.

지금까지 나는 상가에 투자할 때 늘 임대가의 110% 수준에서 매입했고, 수익률을 계산할 때도 일 년치 임대수익에서 2개월치를 아예 처음부터 빼고 계산했다. 재산세와 공실로 비워두는 기간을 염두에 두고 다소 엄격하고 보수적으로 계산한 것이다. 그렇게 계산하고도 일부 잔금대출을 받고 투자 대비 연 30%의 수익을 내왔고, 지금도 여전히 그런 상가를 찾아서 매입하고 있다. 다만 이러한 상가를 찾으려면 부지런히 발품을 팔아야 하고, 그런 보석 같은 물건은 먼저 찾는 사람이 임자라는 사실을 잊지 말아야 한다.

보다는 높지만 그리 매력적인 수익률은 아닌 셈이다. 하지만 부지런히 발품을 팔아 경매로 상가를 낙찰받는다면 연 30%의 수익을 내는 물건을 찾는 것도 그리 어렵지 않다.

다만 경매에 붙여지는 상가는 영업력이 떨어지는 경우가 많은 만큼 영업 환경이 불리해 임대를 놓기가 어려워 보이는 상가는 입찰하지 않는 것이 좋다. 상가의 경우, 공실률은 치명적이다. 공실이 발생한다는 것은 상권이 쇠퇴하고 있다는 것을 의미하고, 상권이 쇠퇴하면 그만큼 상가의 가치가 떨어진다. 경매 시장에서 감정가나 분양가격의 20~30%에도 낙찰되지 않는 상가들은 대부분 상권이 쇠퇴하고 있는

지역에 있는 것들이다.

　이처럼 경매로 상가를 매입해서 실패하는 경우란, 곧 장기간 공실 상태로 임대가 되지 않을 때이다. 공실이란 투자금의 손실을 의미한다. 따라서 상가투자를 할 때는 수익 계산을 하기 전에 임차인과 소비자의 입장에서 그 상가가 영업이 잘되고 좋은 입지에 있는지를 먼저 살펴야 한다.

잘되는 상가는 공격적으로 입찰하라

부동산 시장이 저평가되는 시기이기 때문에 경매 시장에서도 충분히 가치 있는 물건이 여러 차례 유찰되는 경우가 있다. 그럴 때 꾸준히 많은 물건을 검색하고 상권을 조사한 투자자들은 남이 발견하지 못한 좋은 물건을 매력적인 가격에 낙찰받을 수 있다. 과거 부동산 시장이 지금과 같이 불황의 늪에 빠져 있을 때 부동산을 저렴하게 취득해 고수익을 낸 경우가 많았던 것처럼 경매 시장에서도 그러한 기회를 잡을 수 있게 된 것이다.

　특히 상가 물건은 상가의 개별성 때문에 가치를 일반화하기가 상당히 어렵다. 상가의 가치는 지역마다 다르고 건물마다 다르고 층수마다 다르다. 이처럼 상가의 가치를 비교 분석할 수 있는 자료가 없다 보니 분양사무소 직원의 이야기만 듣고 투자하거나, 인터넷으로 단편적인 정보를 얻고 투자하는 경우가 있다. 그런데 그럴 경우 상가의 입찰가를 정하는 데 실수할 수 있으므로 주의해야 한다. 상가의 입찰가를 정할 때는 반드시 현장에서 여러 환경 요소와 조건을 알아보고 스스로 판단해야 한다.

특히 경매로 나오는 상가 중에서 현장 조사를 통해 영업이 잘되는 상가라는 판단이 들었다면 그런 상가는 공격적으로 입찰해도 좋다. 상가가 공실로 비워져 있지 않고, 인테리어를 아주 잘해놨고, 영업이 잘되는 것으로 확인된다면 이런 상가는 수익률을 조금 낮추더라도 적극적으로 투자해야 한다. 경매 투자자는 임차인을 내보낼 생각으로 상가에 입찰하는 것이 아니라 상가를 매입해 임대수익을 얻기 위해서 투자하는 것이다. 따라서 이런 상가는 낙찰받고 나서 임대 걱정 없이 재계약을 할 수 있으므로 적극 투자해도 되는 것이다.

특히 경매로 상가를 낙찰받으면 이미 임대가 수준에서 매입했기 때문에 분양상가를 임대할 때보다 심리적인 부담이 훨씬 줄어든다는 장점이 있다. 기존 임대가 수준으로만 임대해도 충분히 만족스러운 수익이 나기 때문이다. 반면 분양상가를 매입한 사람들은 최고가에 상가를 매입한 것이므로 임대가를 계속 올리지 않으면 수익률을 맞추기 어렵다. 따라서 상가로 임대수익을 올리고 싶다면 경매로 상가투자를 하는 것이 현명하다.

개발 호재를 기대하기보다 현재의 수익을 보라

그동안 여러 건의 상가를 경매와 공매로 매입하면서 나는 낙찰을 받고 점유자와 협의해서 이사를 보내는 것은 그리 큰 문제가 아니라는 것을 깨달았다. 물론 협의하는 과정에서 신경을 써야 하고, 약간의 이사 비용이 들지만, 시세보다 싸게 매입해서 만족할 만한 수입을 얻는 것을 생각하면 그 정도 수고는 당연히 감안하는 것이라 생각하며 투자한다.

투자자 입장에서 오히려 마음이 조급해지는 때는 점유자를 내보내고 인근 부동산에 임대를 내놓을 때이다. 원하는 가격에 빨리 임대가 되어야 하는데, 그렇지 않을 때 마음이 조마조마하고 걱정이 앞선다. 초기에 투자 자금이 별로 없을 때는 더욱 그랬다. 낙찰을 받으면 자금 일부가 묶이게 된다. 따라서 가능한 한 빨리 임대를 놓아 임대 보증금과 월세로 대출금의 일부를 갚고 이자를 감당해야 하는데, 그 기간이 길어지면 마음이 조급해지곤 했다.

하지만 여러 건의 상가를 낙찰받아 임대를 놓은 지금에 와서 돌아보면 물건 분석을 제대로 한 상가는 언제나 임차인이 있었다. 애초에 경매를 통해 상가를 매입할 때 대출을 받아 수익률 연 30% 수준에서 낙찰을 받았고, 입찰 전 주변 시세를 꼼꼼히 확인한 다음, 그에 맞춰 입찰가를 정했기 때문에 세입자가 만족할 만한 조건으로 임대를 줄 수 있었고, 나 또한 얼른 공실을 채우며 만족스러운 수익을 낼 수 있었다.

그러나 단 한 번, 나 또한 상가투자에서 실패한 적이 있다. 물론 수익률이 10%가 넘었기 때문에 일반적인 투자 기준에서는 실패라고 단정할 수는 없지만 내 기준에서는 만족스럽지 않은 투자였다. 감정가 4억 5,000만 원의 지방 재개발지역에 있는 실평수 75평의 근린상가를 1억 5,800만 원에 낙찰받은 건이었다. 그동안 상가투자를 할 때는 지방의 상가라도 항상 번화한 지역의 상가를 매입하곤 했다. 상가는 아무리 싸게 낙찰받아도 임대가 되지 않으면 소용이 없기 때문에 임대가 될 수 있는 물건만 공략했던 것이다. 그런데 이 물건은 이례적으로 그런 기준을 무시하고 투자하게 되었다. 대전 외곽 신탄진 지역이 재개발지역이다 보니 상권이 낙후되고 임대가 쉽지 않을 것이라는 점을 감안하고 투자를 한 것이다. 말하자면 곧 재개발이 될 것이라는 가능성을 보고 투자한 것이다.

물론 상가 자체는 나무랄 데 없었다. 시내 중심가의 대도로변에 위치한 제일 큰 상가였기 때문에 재개발만 된다면 충분히 수익이 날 것이라고 예상되었다. 하지만 재개발은 진척되지 않았고, 결국 2년 동안 공실로 두다가 1억 2,000만 원을 더 들여 고시텔로 공사한 다음에야 임대를 줄 수 있었다.

결국 이 물건은 2년 동안 공실로 두면서 대출이자와 월 50만 원의 공용 관리비를 부담하다가 추가로 비용을 더 들인 셈이다. 현재는 9개의 원룸에서 약 12%의 수익률이 나오고 있으나 도시형 생활주택이 과잉 공급되면서 앞으로 임대료가 더 떨어질 가능성도 있어서 나에게는 썩 만족스럽지 않은 투자였다.

물론 12% 가까이 수익이 나고 있는 투자를 실패했다고 보기는 어렵다. 다만 내가 상가투자를 할 때 최소 25% 이상의 수익률이 나오는 물건에 투자를 해왔기 때문에 이 물건은 기대치에는 이르지 못한 투자인 셈이다.

이 물건의 투자에서 실패한 이유는 상가 자체에 투자한 것이 아니라 재개발이라는 호재에 투자했기 때문이다. 우리나라는 광역시마다 수십 개의 재개발지역이 있지만 현재 재개발이 진척되는 곳은 5%도 되지 않는다. 이 건은 그간 확실한 수익을 보고 단기로 투자해왔던 나의 투자 원칙을 버리고 재개발이라는 가능성과 불확실한 미래가치를 보고 장기 투자를 한 것인데, 그게 뜻대로 되지 않았다.

또 이 상가의 경우는 바로 임대가 되지 않아 1억 2,000만 원을 재투자해 고시텔로 개조했는데, 이 또한 기존의 투자 원칙과 달리 상가를 그대로 임대를 준 것이 아니라 임대사업을 한 꼴이 되었다. 현재 상가 자체의 가치를 보고 투자한 것이 아니기에 예상치 못한 비용이 더 들어간 셈이다.

물론 자금이 여유롭다면 이런 장기투자도 충분히 해볼 만하다. 그중에 잘한 것도 있고 다소 만족스럽지 못한 투자도 있을 수 있다. 하지만 자금이 부족한 투자자가 나중에 잘될 것을 기대하고 이런 방식으로 투자하는 것에는 큰 리스크가 따른다. 따라서 상가는 불확실한 미래가치에 투자하기보다는 현재의 수익이 확실히 보장되는 물건에 투자하는 것이 좋다. 불확실한 호재를 기대하며 투자를 하면 목돈이 묶일 수 있고, 수시로 바뀌는 정책에 따라 예기치 않은 악재를 만날 가능성도 있기 때문이다.

수 익 률 표 ────────────────────

- 감정가 : 4억 5,000만 원
- 낙찰가 : 1억 5,800만 원
- 세금 포함 총 매입 비용 : 1억 6,800만 원
- 대출 : 1억 2,000만 원(월 이자 53만 원)
- 고시텔 리모델링 추가 비용 : 1억 2,000만 원
- 임대 계약 : 임대 보증금 총 4,500만 원 | 월세 180만 원

* 실투자금 1억 2,300만 원에 연 1,523만 원의 수익 발생.
  (이 물건은 대출 포함 총 비용이 약 3억 원 들었고, 재산세가 1년에 100만 원 정도 나가고
  공실로 있는 기간도 계산해야 하기 때문에 12개월 중 2개월의 수익은 전체 수익에서 제외했다)

어떤 상가를 선택해야 할까

상가투자를 할 때는 무엇보다 안정적인 임대수익이 나오는 상가를 선택하는 것이 중요하다. 여러 번 유찰돼 가격이 떨어졌다고 해서 무턱대고 입찰해서는 안 된다. 경매는 물건을 저렴하게 낙찰받을 수 있다는 메리트 외에 수많은 리스크가 도사리고 있는 투자 방식이다. 입지 조건을 고려하지 않고 무분별하게 매입한 상가는 수요자를 찾지 못하고 두고두고 공실로 남아 애물단지가 될 수 있다. 그러니 상가에 투자할 때는 반드시 직접 현장을 확인하고 주변 상권을 철저히 분석한 다음, 그만한 가치가 있다고 판단이 설 때 입찰해야 한다.

상가에 투자할 때는 반드시 임장을 통해 현장의 입지를 잘 살펴야 한다. 여러 각도로 입지와 상권을 분석해 상가 수요를 예측하여 임차인을 구하기 쉬운지 여부를 판단해야 한다. 5회 유찰로 감정가의 30%까지 떨어진 상가라도 이미 상권이 쇠퇴하고 있다면 싼값에 매입하는 메리트가 크지 않다는 점을 명심해야 한다.

개별 상가 건물을 살펴볼 때는 광고와 간판을 달 수 있는 도로변에 위치한 상가인지도 확인해야 한다. 상가 건물은 기본적으로 임대수익을 올리기 위해 투자하는 것이므로 임차인의 기준에서 영업에 무리가 없는 상가여야 한다. 간판을 달지 못하는 상가는 영업을 하기 어렵고, 사무실 용도로밖에 활용할 수가 없다는 단점이 있다. 사무실은 임대 수요가 적을 뿐 아니라 임대수익도 낮으므로 안정적인 임대수익을 노리는 투자자에게는 그다지 매력적이지 않다.

상가투자를 할 때는 되도록 1층 상가에 투자하는 것이 좋지만, 경매로 나오는 1층 상가는 그리 많지 않다. 2층 이상의 상가라면 도로와 면해 있는 상가인지를 우선 살펴봐야 한다. 만약 이면도로에 접한 상가라면 같은 층이라도 임대료가 약하고 공실이 될 확률이 높으므로 주의해야 한다. 이런 상가는 기껏해야 동창회 사무실이나 혼자 쓰는 사무실 용도로밖에 활용할 수가 없다.

한 예로 김해 외동에 위치한 한 상가는 내가 낙찰받은 상가만 도로변으로 창이 나 있었고 다른 사무실은 모두 이면도로 쪽으로 창이 나 있었는데, 상가를 보유하고 있는 6년 동안 내 상가를 제외하고는 대부분이 계속 공실로 있었다. 이처럼 임대가 나가지 않는 상가는 오랫동안 돈이 묶이는 애물단지가 될 수 있으므로 주의해야 한다. 만약 실제 위치는 이면도로 쪽이더라도 간판을 앞쪽 도로변에 달 수 있는 상가라면 그마나 도전해볼 만하다.

해당 상가의 입지와 상권을 확인하는 것도 물론 중요하지만, 상가가 위치한 건물의 영업이 잘되고 있는지도 확인해야 한다. 건물 전체가 대부분 공실이고 이미 상권이 죽은 상가는 임차인을 구하기가 어려우므로 주의해야 한다.

만약 상권 자체는 살아 있는데 건물이 활성화되지 않은 상태라면, 상권이 계속 유지될 경우 이 건물도 살아날 가능성이 있으므로 투자 여지가 있다. 또 건물 자체가 약하더라도 그 층의 영업이 살아있으면 이 또한 투자 가능성이 있다.

또 같은 층의 상가가 어떤 업종인지도 살펴봐야 한다. 만약 한 층에 있는 네 개의 상가 중 세 개가 공실이고 하나는 유흥업을 하고 있다면 그런 상가는 낙찰받아도 세입자를 구하기 어려우므로 주의해야 한다.

되도록이면 같은 층에 있는 상가가 공실이 없고, 학원이나 병원 등으로 영업하고 있는 상가를 고르는 것이 좋다. 만약 같은 층에 영업하는 상가가 노래방이나 나이트클럽 등 유흥업종이라면 낙찰받으려는 상가 또한 같은 업종에 임대를 주어야 한다는 사실을 감안하고 투자해야 한다. 상가는 이처럼 입지와 상권에 따라 임대 업종의 제한이 생길 수 있으므로 미리 확인해두어야 한다.

상가는 몇 층인지가 중요하다

상가 투자자라면 신도시나 택지개발지구는 상권이 형성되기까지 적어도 3~5년이 걸린다는 사실을 알고 있어야 한다. 그러한 사실을 모르는 일부 투자자들이 신도시 개발에 대한 기대감으로 무리하게 대출을 받아 상가를 분양받았다가 상권이 형성될 때까지 버티지 못하고 이자 부담으로 경매로 넘어가는 경우가 간혹 발생한다. 이런 이유로 신도시 개발 이후 3년이 지나면 갑자기 해당 지역의 상가 물건이 대거 쏟아져나오는 경우가 있는데, 경매로 상가를 매입하고자 한다면 이 시기를 노려보는 것도 괜찮은 방법이다.

경매로 상가가 나오면 통상 몇 차례 유찰되기 때문에 신도시 상가라도 분양가의 60% 선에서 매입하는 것이 어렵지 않다. 2, 3층 상가라면 분양가의 50% 선에서도 매입이 가능하다. 상권이 어느 정도 형성된 후 경매 시장에 나온 상가를 저렴한 가격에 낙찰받는다면 충분히 좋은 수익률을 낼 수 있다.

특히 경매로 상가를 매입할 때는 층마다 투자 기준이 다르다는 사실을 알아야 한다. 1층 상가는 경매로 나오는 물건이 많지 않고, 10%의 수익률만 돼도 충분히 좋은 물건이므로 적극적으로 투자하는 것이 좋다. 특히 도로에 접한 1층 상가는 음식점, 커피전문점 등 프랜차이즈 업체들이 줄 서 있어 임대 걱정이 없고, 상권이 완전히 형성되면 임대료 상승의 여지도 있어 매우 좋은 물건이다.

실제로 투자를 해보면 1층 상가는 10%의 수익률에도 공실이 거의 없는 편이다. 1층 상가를 사무실로 쓰는 경우는 드물고, 대부분 세입자가 영업을 하기 위해 인테리어 공사를 하기 때문에 만기가 되면 권리금을 받기 위해서라도 세입자 스스로 다른 세입자를 구해놓고 나간다. 따라서 인테리어를 많이 한 세입자일수록 임대인은 공실 위험이 적어 마음이 편할 것이다.

내가 감정가의 40% 수준에서 낙찰받는 상가는 경기도와 광역시까지 아우르는 지역의 3층 이상의 상가에 해당한다. 1층 상가는 그 정도까지 유찰되지도 않을뿐더러 임대가 수준에서만 낙찰받아도 충분히 메리트가 있다. 요컨대, 1층 상가는 수익률이 10~15%만 돼도 충분히 투자할 가치가 있다.

반면 2, 3층 상가는 수익률이 25% 이상은 되어야 한다. 2층은 음식점 등의 영업이 가능하고, 3층은 대부분 사무실 용도로나 임대를 줄 수 있으므로 되도록 싸게 낙찰받아야 원하는 가격에 임대를 줄 수 있다. 3층 이상의 상가는 경매로 나온 물건 중에 15% 이상의 수익률을 낼 만한 물건이 상당히 많으므로 상권을 잘 분석해서 투자해볼 만하다. 상가투자의 경우는 투자자에게 최소 15%의 수익이 나와야 나중에 상가를 매도

할 때도 매도자에게 10% 정도의 수익률을 제시할 수 있다는 점을 알아야 한다.

이처럼 상가는 개별 상가마다 가치 기준이 다르고, 층마다 투자 기준이 다르므로 각각의 상황에 따라서 신중하게 판단해서 투자해야 한다.

임대가는 얼마를 받을 수 있을까

상가투자의 핵심은 발품을 많이 팔아서라도 정확한 임대가를 확인하는 것이다. 해당 상가의 임대료를 알면 그에 맞춰 입찰가를 정할 수 있다. 정확한 임대가가 나오고, 어느 정도의 수익률을 기대하고 있는지를 알고 있으면 비교적 안전하게 입찰가를 산정할 수 있다. 나처럼 최소 25% 이상의 수익률을 기대한다면 입찰가를 낮춰서 써야 할 것이고, 15%의 수익률에도 만족한다면 입찰가를 좀 더 올려 쓸 수 있을 것이다. 다시 말해, 임대가가 얼마인지 알아야 입찰가를 정할 수 있으므로 상가에 투자할 때 가장 중요한 것은 정확한 임대가를 파악하는 것이다.

정확한 임대가를 확인할 수 있는 특별한 방법은 없다. 이때야말로 발품을 팔아 현장 조사를 해야 한다. 대부분은 부동산에 나온 주변 상가의 임대 시세를 확인해 경매로 나온 관심 물건의 임대가를 추측할 수 있다. 현재 매물로 나온 상가의 현수막을 보고 전화를 걸어 몇 평대의 상가가 얼마에 임대되고 있는지 확인하면 경매로 나온 상가의 평수를 환산해 평당 가격을 짐작할 수 있다.

다만, 상가 임대가를 정할 때는 최대한 보수적으로 산정해야 실수하지 않는다. 경매로 나온 상가가 현재 영업을 하고 있는지, 주변 상가의 공실률은 얼마나 되는지, 주변 환경은 어떤지를 현장에서 확인한 다음 낙찰 후 해당 물건의 임대가 가능할지를 예측해야 한다.

특히 상가를 낙찰받는 것은 기본적으로 임대를 주기 위해서이므로 최소한 주변 상가의 공실보다는 싸게 내놓을 생각으로 입찰가를 산정해야 한다. 말하자면, 주변 임대가가 아니라 임대를 줄 실질적인 임대가를 정하는 게 상가투자의 핵심이다. 주변에 공실이 다소 있더라도 낙찰받은 상가를 주변 임대가보다 싸게 내놓는다면 충분히 임대가 가능하다. 따라서 이미 임대를 주고 있는 주변 상가보다 더 싼 임대가에 내놓는다는 생각으로 입찰가를 정하는 것이 좋다. 물론 관심 상가가 이미 임대를 하고 있다면 그 임대가도 고려해야 하겠지만, 분양 당시에 입주한 임차인의 경우 임대가가 가장 비쌀 때 들어온 것이니 그 부분은 감안해야 한다.

이처럼 상가는 아파트와 달리 일일이 상권을 분석하고 개별 상가의 임대가를 확인해야 하는 번거로움이 있지만, 관심 물건 주변의 상가 몇 군데만 확인하고 비교하면 어느 정도 임대가를 추측하는 것은 어렵지 않다. 임대가만 정해지면 기대하는 수익률에 맞춰서 입찰가를 정하면 된다.

다만 경매로 상가를 낙찰받을 경우에는 해당 상가의 관리비가 밀렸을 수 있으니 관리사무소를 통해 미리 확인해야 한다. 밀린 관리비는 공용 부분(사용 여부와 상관없이 부과되는 관리비: 일반관리비, 공동 전기료 등)과 전용 부분(사용하는 대로 부과되는 관리비: 전기세, 수도세, 도시가스비 등)으로 나뉘는데, 일반 관리비에 해당하는 공용 부분의 관리비는 낙찰자의 몫이므로 입찰가를 정할 때 이를 감안해야 정확한 수익률을 계산할 수 있다.

상가 유치권, 흠이 아니라 기회이다

모든 투자가 마찬가지이지만, 상가 물건에 투자할 때도 처음부터 싸게 낙찰받는 것이 매우 중요하다. 싸게 낙찰받아야 수익률이 높아지고, 임대를 줄 때도 여유를 가질 수 있기 때문이다.

상가 건물을 감정가의 40% 선에서 사들이기 위해서 나는 유치권이 신고된 상가를 관심 있게 본다. 유치권이 신고되어 있으면 권리관계가 복잡하다는 선입견 때문에 여러 번 유찰되어 낙찰가가 낮아지고, 경쟁률도 적기 때문이다.

경매를 꾸준히 하다 보면, 유치권이 신고되어 있는데 실제로는 유치권이 인정되지 않는 물건을 의외로 많이 만날 수 있다. 이런 물건은 나에게 높은 수익률을 보장해주는 보석 같은 물건이다.

실제로 상가의 유치권은 3년 이내의 신축 건물을 제외하고는 대부분 인정되기 어렵다. 다만 신축한 상가에 유치권이 신고된 경우에는 유치권이 인정될 가능성이 있으므로 유치권 소송을 위해 사전에 미리 증거자료를 준비해야 한다. 지은 지 3년이 안 된 건물에 유치권 신고가 되어 있고, 공사비 내역 유치권이라면 이런 물건은 유치권이 인정될 가능성이 아주 높으므로 피하는 것이 좋다.

공사비 유치권은 3년까지 주장할 수 있고 판결을 받아놓으면 10년까지도 가능하지만, 판결까지 받아놓는 유치권 신고자는 사실 많지 않다. 따라서 완공된 지 3년이 넘은 상가 건물은 사실상 유치권이 인정되지 않는다고 보고 접근해도 무방하다. 또 3년이 안 됐더라도 유치권자가 점유를 하고 있지 않다면 그 또한 유치권이 성립되기 어렵다.

만약 경매로 나온 상가에 유치권이 신고되어 있는데, 그 유치권이 공사비 내역에 관한 유치권이고 상가가 정상적으로 영업을 하고 있다면 그런 유치권 또한 점유가 인정되지 않을 가능성이 높다. 말하자면, 상가의 유치권은 ①완공된 지 3년 이내의 건물에 ②공실로 되어 있으면서 ③유치권자가 점유를 하고 있어야 성립될 가능성이 높은 셈이다. 그렇지 않고 경매로 나온 상가에 세입자가 있고 영업을 하고 있다면 유치권이 성립되기 어렵다는 것을 고려해 보다 면밀한 조사가 필요하다. 이처럼 유치권이라는 하자가 있지만 이 하자를 해결할 수 있다면 이는 상가를 시세보다 훨씬 저렴한 가격에 매입할 기회가 된다. 유치권에 대한 내용은 5장에서 좀 더 자세히 살펴볼 예정이다.

이런 상가는 피하라

상가 건물에 투자할 때 되도록 피해야 하는 물건들이 몇 가지 있다.

우선 판매시설로 되어 있는 오픈상가(백화점처럼 칸막이 없이 자리만 지정된 상가)는 조심해야 한다. 상가 면적이 다섯 평 이하인 칸막이 없는 상가가 경매로 나왔다면 해당 층의 상권이 약해졌을 확률이 높으므로 주의해야 한다. 또 오픈상가는 낙찰을 받더라도 관리 회사의 권한이 막강해 소유자로서의 권한을 제대로 행사하기가 어렵다. 관리 회사의 요구에 따라 상가의 위치를 바꿔야 할 수도 있고, 재량껏 휴업을 하기도 어렵다. 혹여 관리 회사가 방해를 하면 세입자를 구하기도 어려워진다. 관리 회사의 횡포가 없다 하더라도 해당 상가의 용도가 제한되어 있어 임대에 애로사항이 있을 수 있다. 예를 들어, 오픈상가의 해당 층이 의류업을 하고 있다면 해당 상가 또한 의류업에만 임대를 줄 수 있는 식이다.

기본적으로 상가는 상권이 활성화되어 있어야 투자가치가 있다. 따라서 임대료를 떠나 임차인을 찾기 어려울 것 같은 외곽의 상가에는 투자하지 않는 것이 좋다. 아무리 싸게 낙찰받았다 하더라도 임차인을 찾을 수 없으면 무용지물이기 때문이다.

실제로 경매를 하다 보면 10억짜리 상가가 1억까지 떨어져도 입찰자가 없는 경우가 있는데, 그런 곳은 낙찰가를 떠나서 임대가 안 되는 곳일 가능성이 높으므로 주의해야 한다. 특히 시골 외곽이나 지하에 위치한 상가는 아무도 들어오지 않기 때문에 아무리 가격이 낮아도 입찰해서는 안 된다. 심지어 이런 상가는 관리비만 내고 쓰라고 해도 들어오는 임차인이 없다.

몇 년 전에 지방의 한 모텔이 경매로 나온 적이 있었다. 땅과 건물의 가격을 감정하면 실제 8억 원의 가치가 있는 물건이었지만, 당시 2억 원까지 유찰된 상태였다. 그런데 현장에 가보니 그 이유를 바로 알 수 있었다. 모텔이 위치한 곳은 시골의 농로 옆이었는데, 그 앞으로 새 도로가 개통되어 영업이 안 되는 것이었다.

새 길이 나면 지금까지 사용되던 구도로의 상황은 한순간에 바뀌게 된다. 교통량이 줄어들고 유동인구 또한 감소한다. 이 모텔 또한 새 도로가 개통되면서 유동인구가 급격하게 줄어들어 영업에 막대한 피해를 입고 경매로 나온 것이다. 물건의 가격은 많이 떨어졌지만, 영업 환경이 회복될 가망은 전혀 없어 보였다. 이런 물건은 싸게 낙찰받는다고 해도 2억 원의 투자에 대한 적절한 임대수익을 기대하기 어려울 것이다. 나는 현장을 보자마자 마음을 접었다.

그런데도 경매를 하다 보면 가격이 싸다는 이유만으로 덜컥 낙찰을 받는 사람들이 분명히 존재한다. 상가투자에서 감정가는 아무 의미가 없다. 그러니 감정가에 현혹되어서는 안 된다. 임대가 쉽지 않은 물건을 단순히 낙찰가가 싸다는 이유만으로 안일하게 낙찰받으면 오랫동안 자금이 묶일 뿐 아니라 큰 손해까지 볼 수 있으므로 주의해야 한다. 상가에 투자할 때는 가능한 한 번화한 지역에 투자해야 어렵지 않게 임대수익을 올릴 수 있다는 점을 명심해야 한다.

반드시 알아야 할 상가건물임대차보호법

주택에 투자하려고 할 때는 주택임대차보호법을 알아야 하듯이, 상가에 투자하려고 할 때는 상가건물임대차보호법을 알고 있어야 한다. 상가건물임대차보호법은 사회적·경제적 약자인 상가건물 임차인의 권리를 보호하고 과도한 임대료 인상을 억제하기 위해 2002년부터 시행되고 있다.

이 법에 따르면, 상가건물 임대료 인상률을 연간 12%로 제한하고 건물주가 임대 계약 체결 5년 이내에는 임차인을 마음대로 내쫓을 수 없도록 되어 있다. 이후 2008년에는 연간 임대료 인상률 제한폭을 9%로 줄였다.

상가건물임대차보호법은 영세 상인들의 상가 임대권 보호를 목적으로 제정되었으므로 주택임대차보호법과 마찬가지로 선순위 상가 임차인에게 대항력이 발생한다. 하지만 이는 상가의 보증금이 일정 한도 이

하일 때의 얘기이다. 보증금이 일정 금액을 넘어서면 보호 대상에서 제외되기 때문에 이 법의 보호를 받을 수 없다(해당 내용은 P.118의 내용을 참고하라).

주택은 소액 보증금 제도가 있어 경매로 넘어가더라도 소액 보증금을 최우선으로 변제해주도록 되어 있다. 또 보증금이 소액 보증금 한도를 넘어가더라도 대항력이 있고 요건만 제대로 갖추었다면 순위에 따라 배당을 받을 수 있다. 하지만 상가는 보증금 액수가 법 적용 한도를 넘어가면 전혀 보호를 받을 수 없다.

중요한 것은 상가의 보증금은 주택과 달리 월세를 보증금으로 환산한 다음 보증금과 월세를 합친 금액으로 한다는 것이다. 즉, 보증금과 월세에 100을 곱한 값을 더한 금액이 환산 보증금이 된다.

예를 들어, 보증금 1억 원에 월세 400만 원인 상가를 임대하고 있다면 이 상가의 환산 보증금은 5억 원(보증금 1억 원+400만 원×100)으로, 상가건물임대차보호법 대상에서 제외된다. 그러면 임차인의 사업자등록이나 확정일자가 1등이라고 해도 배당을 받을 수 없다.

실제로 임대료가 해마다 오르는 서울의 주요 상권에서는 상가건물임대차보호법의 보호를 받을 수 있는 상가가 거의 없다. 한 조사에 따르면, 서울 주요 상권의 점포 네 곳 중 세 곳이 이 법의 보호를 받을 수 없는 요건이라고 한다.

상가가 경매로 넘어가거나 임대인이 무리한 수준으로 월세를 올린다고 해도 상가 임차인은 그대로 당할 수밖에 없는 것이 현실이다. 따라서 상가 세입자의 입장에서는 상권과 입지를 보고 들어가는 것도 중요하겠지만, 상가 소유주가 어떤 사람인지를 미리 확인해보는 것도 매우 중요하다.

상가건물임대차보호법의 보호 대상에서 제외된 상가는 만기가 되었을 때 임대인에게 갱신 요구를 할 수 없고, 재계약이 안 되면 투자한 인테리어를 모두 원상 복구하고 비워주어야 한다. 영업이 매우 잘되는 상가라도 주인이 터무니없는 수준으로 월세를 올려버리면 어쩔 수 없이 나와야 한다.

경매가 될 때도 마찬가지다. 상가건물임대차보호법의 보호 금액을 넘으면 임차인은 배당을 받을 수 없고, 선순위임차인이라 하더라도 낙찰자에 대항할 수 없다. 그리고 인테리어에 아무리 많은 비용을 들였다 하더라도 이에 대한 권리금을 받을 수도 없다. 반대로 상가 경매 물건에 입찰하려는 투자자의 입장에서는 사전에 상가 임차인의 보증금을 낙찰자가 인수해야 하는지 여부를 꼭 확인해야 한다.

물론 상가건물임대차보호법의 보호 대상과 금액은 지역마다, 연도마다 다르므로 관심 물건에 입찰하기 전에 반드시 확인해두어야 한다. 임대차 관련 사항을 알아보려면 법원의 물건명세서를 통해 사업자 등록 여부와 보증 금액을 확인해야 한다. 임대차 사항을 확인한 후에도 수익성에 확신이 든다면 그때는 소신 있게 입찰해볼 만하다.

상가·건물임대차보호법

건물임대차보호법 적용 대상 및 우선변제권의 범위
(경매 신청 등기 전에 건물의 인도와 사업자 등록을 마쳐야 함)

근저당 등 최초 담보권 설정일	지역	보호법 적용 대상	보증금 범위 (이하)	최우선 변제액
2002.11.01~ 2008.08.20	서울특별시	2억 4,000만 원 이하	4,500만 원	1,350만 원까지
	과밀억제권역 (서울특별시 제외)	1억 9,000만 원 이하	3,900만 원	1,170만 원까지
	광역시 (군지역 및 인천광역시 제외)	1억 5,000만 원 이하	3,000만 원	900만 원까지
	기타지역	1억 4,000만 원 이하	2,500만 원	750만 원까지
2008.08.21~ 2010.07.25	서울특별시	2억 6,000만 원 이하	4,500만 원	1,350만 원까지
	과밀억제권역 (서울특별시 제외)	2억 1,000만 원 이하	3,900만 원	1,170만 원까지
	광역시 (군지역 및 인천광역시 제외)	1억 6,000만 원 이하	3,000만 원	900만 원까지
	기타지역	1억 5,000만 원 이하	2,500만 원	750만 원까지
2010.07.26~ 2013.12.31	서울특별시	3억 원 이하	5,000만 원	1,500만 원까지
	과밀억제권역 (서울특별시 제외)	2억 5,000만 원 이하	4,500만 원	1,350만 원까지
	광역시 (수도권정비계획법에 따른과밀 억제권역에 포함된 지역과 군 지역은 제외) 안산시, 용인시, 김포시, 광주시	1억 8,000만 원 이하	3,000만 원	900만 원까지
	기타지역	1억 5,000만 원 이하	2,500만 원	750만 원까지
2014.01.01~	서울특별시	4억 원 이하	6,500만 원	2,200만 원까지
	과밀억제권역 (서울특별시제외)	3억 원 이하	5,500만 원	1,900만 원까지
	광역시 (수도권정비계획법에 따른 과밀 억제권역에 포함된 지역과 군 지역은 제외) 안산시, 용인시, 김포시, 광주시	2억 3,000만 원 이하	3,800만 원	1,300만 원까지
	기타지역	1억 8,000만 원 이하	3,000만 원	1,000만 원까지

적용 시 참고사항

소액 보증금을 판단하는 기준일은 임대차 계약일이 아닌, 등기부에 기재된 최초의 담보물권 설정 등기 일자이며, 담보물권 등기가 없는 주택일 경우에는 경매개시결정 기입 등기 일자를 기준으로 한다. 다만 가압류의 경우에는 기준일이 되지 못한다.

수도정비계획법 중 과밀억제권역 – 담보물권 설정일 2009.01.15 이전

서울특별시, 의정부시, 구리시, 하남시, 고양시, 수원시, 성남시, 안양시, 부천시, 광명시, 과천시, 의왕시, 군초시, 시흥시(반원특수지역은 제외), 남양주시(호평동, 평내동, 금곡동, 일패동, 이패동, 삼패동, 가운동, 수석동, 지금동, 도농동에 한함), 인천광역시(강화군, 옹진군, 중구 운남동, 중구 운북동, 중구 운서동, 중구 증산동, 중구 남북동, 중구 덕교동, 중구 무의동, 중구 을왕동, 서구 대곡동, 서구 불로동, 서구 마전동, 서구 금곡동, 서구 오류동, 서구 왕길동, 서구 당하동, 서구 원당동, 연수구 송도 매립지(인천광역시장이 송도 신시가지 조성을 위하여 1990년 11월 12일 송도 앞 공유수면매립 공사 면허를 받은 지역을 말한다) 남동국가 산업단지 제외)

수도정비계획법 중 과밀억제권역 – 담보물권 설정일 2009.01.16 이후

서울특별시, 의정부시, 구리시, 하남시 고양시, 수원시, 성남시, 안양시, 부천시, 광명시, 과천시, 의왕시, 군포시, 시흥시(반원득수지역은 제외) 남양주시(호평동, 평내동, 금곡동, 일패동, 이패동, 삼패동, 가운동, 수석동, 지금동, 도농동에 한함), 인천광역시(강화군, 옹진군, 중구 운남동, 중구 운북동, 중구 운서동, 중구 증산동, 중구 남북동, 중구 덕교동, 중구 무의동, 중구 을왕동, 서구 대곡동, 서구 불로동, 서구 마전동, 서구 금곡동, 서구 오류동, 서구 왕길동, 서구 당하동, 서구 원당동, 연수구 송도 매립지, 남동국가 산업단지 제외), 인천경제자유구역 – 송도지구(연수동, 송도동), 영종지구(중구, 증산, 운남, 운서, 운북, 장북, 덕교, 두의, 을왕), 청라지구(서구 경서동 원창 연희 일부), 남동국가산업단지(남동구 고잔동 남촌동 논현동 일부)

임차 보증금 환산 방법

월 차임액에 은행법에 따른 은행의 대출 금리 등을 감안하여 100을 곱하여 환산한 금액을 보증금에 포함시킨다.

ex) 보증금이 5,000만 원이고 월세가 120만 원인 경우 환산된 임차 보증금:

5,000만 원(보증금) + 120만 원(월세) × 100 = 1억 7,000만 원

경매 대상 부동산의 상가임차인이 상가임대차보호법의 적용을 받기 위한 기본 조건

경매 개시 결정 등기일 이전에 사업자 등록과 건물의 인도가 있어야 한다. 경매에 있어서 상가 임차인이 상가건물임대차보호법의 적용을 받기 위해서는 등기부상 최초 기준등기(근저당, 가압류, 압류, 담보가등기) 등이 2002. 11. 01 이후에 설정되어야 한다. 따라서 2002. 10. 31 이전에 이미 등기가 설정된 경매 부동산의 임차인은 상가건물임대차보호법의 적용을 받지 못한다.

환산 보증금

환산 보증금이 지역별로 일정액 이하여야 이 법의 적용을 받을 수 있다. 따라서 이 금액을 초과한다면 상가건물임대차보호법의 적용을 받을 수 없는 임차인이므로 사업자 등록과 확정일자가 있더라도 배당금이 없다. 즉, 이런 임차인은 전세권 설정을 하는 등 다른 방법을 찾아야 한다(2010. 07. 26 기준).

대항력

상가 임차인도 주택 임차인과 같이 대항력은 가질 수 있으며, 등기부상 최초 담보물권보다 먼저 사업자 등록과 건물의 인도가 있는 임차인은 대항력을 가지며, 이런 임차인이 법원에서 보증금을 전액 배당받지 못할 경우 미배당 보증금은 낙찰자가 인수하여야 한다.

배당

상가임차인이 법원에서 배당을 받기 위해서는 배당 요구 종기일까지 반드시 배당 요구를 하여야 하며, 다음과 같은 두 가지 방법으로 배당된다.

① 환산 보증금이 다음과 같이 일정액 이하인 소액 임차인은 선순위 채권자보다 우선하여 받을 수 있는 소액 임차인 최우선 배당금을 받을 수 있다.

- 서울특별시 : 보증금 5,000만 원 이하 ⇒ 1,500만 원까지 최우선 배당
- 과밀억제권역 : 보증금 4,500만 원 이하 ⇒ 1,350만 원까지 최우선 배당
- 광역시 : 보증금 3,000만 원 이하 ⇒ 900만 원까지 최우선 배당
- 기타지역 : 보증금 2,500만 원 이하 ⇒ 750만 원까지 최우선 배당

* 최우선 배당금은 경매가액(배당할 금액)의 3분의 1을 초과할 수 없다.

② 확정일자가 있는 상가 임차인은 후순위 권리자 기타 채권자보다 우선하여 순위에 의하여 배당을 받을 수 있다.

임차인이 소액 임차인에 해당할 경우에는 최우선 배당금과 순위 배당금을 모두 받을 수 있다.

| 광역시 승격일 |

지역	보증금 범위
부산광역시	1963.01.01
대구광역시	1981.07.01
인천광역시	1981.07.01
광주광역시	1986.11.01
대전광역시	1989.01.01
울산광역시	1997.07.15

수익률 30%의 상가를
낙찰받다

나는 경매를 시작하고 나서 1년에 두세 건 정도 꾸준히 상가를 낙찰받아 왔다. 내 전문 분야가 법정지상권이다 보니 상가에만 집중적으로 투자한 것은 아니지만, 지금까지 총 10여 건의 상가를 낙찰받아 임대수익을 올리다가 적절한 시점에 매도해 차익을 얻곤 했다.

상가투자를 할 때 나의 원칙은 '최소 30% 이상의 수익률이 나오는 곳에만 투자한다'는 것이다. 이 말은 처음부터 자기 자본 1,000만 원이 묶이면 월 30만 원의 임대소득이 나오는 상가를 물색한다는 말이다(상가의 경우, 두 달치 임대료는 빼고 계산한다).

내가 늘 수익률 30% 이상의 상가를 낙찰받는다고 하면 사람들은 믿을 수 없다는 표정을 짓는다. 그만큼 요즘의 경매 시장에서 좋은 물건을 찾기가 쉽지 않다는 의미일 것이다. 하지만 지역과 범위에 제한을 두지 않고 열심히 찾으면 그런 물건은 얼마든지 찾을 수 있었다. 내가 특별한 능력이 있어서? 아니다. 우리 카페 회원 중에도 수익률 30%의 상가에 도전하여 성공한 사례가 있어 소개한다.

청주의 대단지 아파트 주변의 먹자골목에 있는 상가가 경매로 나왔다. 감정가 1억 7,900만 원의 상가가 최저가 1억 1,400만 원까지 떨어진 상태였다. 이 카페 회원이 임장을 가보니 상가 임차인이 분식집을 운영하고 있었고, 건물도 비교적 신축인 데다 인테리어도 괜찮았다고 한다. 상권이 형성되던 초창기에는 3억 원까지 나가던 이 지역 상가가 거품이 한

번 빠지고, 대부분의 상가들이 재계약을 한 상태였다고 한다.

해당 상가 임차인은 보증금 3,000만 원, 월 80만 원에 계약되어 있었는데, 권리분석상 보증금을 하나도 못 받고 나가는 상황이라 낙찰받으면 명도 문제에 신경을 써야 할 것으로 예상되었다.

원래 이 회원은 2010년 12월에 입찰하려고 했는데, 수익률이 너무 적게 나올 것 같아 한 번 더 유찰되기를 기다렸다가 2011년 1월 14일에 1억 2,500만 원에 입찰해 최고가매수인이 되었다. 차순위와는 1,000만 원 정도 차이가 났는데, 그는 입찰가를 더 아낄 수 있었다며 다소 아쉬워했다. 입찰하기 전에는 연 50%의 수익률이 나오지 않으면 들어가지 않겠다고 다짐했었는데, 막상 법원에 가서는 분위기에 휩쓸려 입찰가를 1,000만 원이나 올려 쓴 것이었기 때문이다. 이와 같이 입찰 시엔 소신을 가지고 하는 것이 좋다.

어쨌든, 그는 낙찰받고 나서 기존 세입자를 만나 재계약 여부를 타진해보았다. 세입자는 재계약 의사는 분명히 있었으나, 경매로 임대 보증금을 모두 날리는 상황이라 대화가 쉽지 않았다. 아무래도 보증금을 많이 깎으려는 것 같았고, 나중에 전화통화를 할 때는 법대로 하겠다고 막무가내로 버텼다.

낙찰받은 회원의 입장에서야, 보증금 3,000만 원에 월세 80만 원으로 계약하자는 사람이 이미 있었기 때문에 같은 조건이라면 기존 임차인과 계약할 의사가 있었고, 재계약이 성사되지 않을 경우 인도명령을 하겠다는 의지를 분명히 했다. 부동산에서 현 시세로 임대를 하겠다는 사람도 있었지만 임차인의 분식집이 영업을 잘하고 있었고, 점포가 자주 바뀌는 것도 좋지 않다고 생각하여 그는 이왕이면 기존 임차인과 계약을 할 생각이었다고 한다.

그리고 바로 법무사를 통해서 잔금을 납부하고 소유권을 이전하였으며, 그와 동시에 인도명령신청을 했고, 등기가 나오고 인도명령 인용이 되자 임차인 또한 적극적으로 재계약 의사를 밝혀왔다고 한다.

결국 이 상가는 보증금 3,000만 원에 월세 90만 원으로 재계약을 했다. 기존 임차인이 경매 기간 동안 월세 없이 영업을 했지만 보증금을 날리는 형편이었고, 현재 점포 영업도 잘되는 편이라 계속 유지하는 것이 좋을 것 같아서 기존 임차인과 계약을 했다.

애초에 대출 9,900만 원을 받고 실투자금 없이 진행하려 했던 물건인데, 결과적으로 이 회원은 경비와 세금, 잔금 일부를 포함하여 자신의 돈 1,900만 원을 투자하게 되었다. 수익률을 환산해보았을 때 연 30% 정도 되었고, 이후에 재계약을 하면서 월세를 120만 원으로 올렸기 때문에 수익률은 더 높아졌다.

수 익 률 표

- 감정가 : 1억 7,900만 원
- 낙찰가 : 1억 2,500만 원
- 세금 포함 총 비용 : 1억 4,800만 원
- 대출 : 9,900만 원(월 이자 42만 원)
- 임대 계약 : 임대 보증금 3,000만 원 | 월세 90만 원

* 실투자금 1,900만 원에 월 임대수익 48만 원 발생(수익률 30%)하다가
  1년 후 재계약하면서 월세 30만 원이 올라 수익률 49%를 실현.

실수요 사무실을
임대가에 낙찰받다

사무실이 필요한 개인 사업자라면 경매로 사무실을 저렴하게 매입하는 것도 좋은 방법이다. 실수요로 상가를 매입하면 재계약할 때마다 임대료가 오를 걱정을 하지 않아도 되고, 필요하지 않을 경우에는 임대를 놓아 임대수익을 얻을 수도 있으니 일석이조이다. 실수요로 사무실이 필요한 카페 회원에게 좋은 조건의 상가를 추천해준 사례가 있어 소개한다.

대전의 대덕 테크노밸리 내에 사무실이 있는 회원을 만났다. 오래전부터 알고 지내는 지인이었는데, 보증금 3,000만 원에 월 100만 원의 월세를 내면서 사무실을 임대해서 쓰고 있었다. 월 100만 원의 월세가 결코 적은 금액이 아니고, 더 좋은 사무실을 알아보고 싶어 하기에 이 지역의 아파트형 공장이 가끔 경매로 나온다는 사실이 떠올라 물건을 검색해 보았다.

운 좋게 며칠 후에 입찰 예정인 물건이 눈에 띄었다. 감정가 2억 300만 원의 상가 건물이 9,947만 원까지 떨어진 상태였는데, 권리상 하자가 없고 관리비도 많이 밀리지 않은 상태였다. 규모는 이 회원의 사무실보다 조금 큰, 실평수 40평의 사무실이었고 위치는 지금보다 더 좋은 곳이었다. 나는 회원에게 이렇게 제안했다.

"이번 기회에 아예 사무실을 매입하는 것이 어떻겠습니까? 지금처럼 사무실을 계속 임대해서 쓰는 것보다 경매로 낙찰받아 일부를 대출받고 대출이자를 내는 것이 훨씬 유리합니다. 또 나중에 이 사무실을 사용하지 않더라도 임대를 주면 임대수익을 얻을 수 있으니 결코 나쁘지 않은 선택입니다."

카페 회원 역시 내 말을 듣고는 흔쾌히 응했고, 곧 경매로 나온 사무실용 아파트형 공장의 정확한 임대가를 확인해보고 다시 연락을 주겠다고 했다. 그리고 다음 날 바로 연락이 왔다. 이곳의 임대가는 최소 보증금 2,000만 원에 월 120만 원은 받을 수 있다고 했다. 그렇다면 현재 쓰고 있는 사무실의 임대가 수준에서 매입할 수 있으니 매우 좋은 조건이었다.

이제 입찰가를 정하는 일이 남았다. 지난번 가격은 1억 4,210만 원이었다. 만일 1억 4,000만 원에 낙찰을 받는다면 1억 원을 대출받을 수 있고 대출이자는 연 6%를 생각해야 할 것이다. 그럴 경우 세금을 포함해서 대략 1억 5,000만 원에 물건을 매입할 수 있을 것이고, 결과적으로 자기 자본 5,000만 원을 들여 상가를 매입하고 대출금 1억 원에 대한 이자로 월 50만 원 정도가 들 것이다.

현재 보증금 3,000만 원에 월 100만 원의 임대료를 내고 좁은 사무실을 사용하고 있으니 이 물건을 낙찰받아 자기 자본 5,000만 원에 월 50만 원의 이자를 내는 것이 훨씬 나을 것이다. 게다가 임차인이 아닌 상가 소유자로 전환하게 되는 셈이니 비용도 절감될 뿐 아니라 임대료 인상에 신경 쓰지 않아도 되니 더 안정적인 상태에서 사업에 집중할 수 있다.

만약 이 사무실을 사용하지 않고 임대를 한다고 해도 보증금 2,000만 원에 월 120만 원을 받고 임대를 줄 수 있다. 이 경우 자기 자본은 3,000만 원이 묶이고 월세 120만 원에서 대출이자를 제하고 매달 70만 원의 임대수익이 발생한다. 이는 충분히 만족스러운 수익률이다.

입찰 전날 마지막으로 회원과 입찰가에 대해 논의했다. 물건을 반드시 낙찰받고 싶다면 낙찰받을 가능성이 높은 입찰가를 산정해야 한다.

"누구나 싸게 입찰하고 싶어 할 것입니다. 하지만 싸게 입찰하면 당연히 낙찰될 확률이 떨어지죠. 그렇다고 너무 비싸게 입찰하면 수익이 별로 없을 것이고요. 중요한 것은 적절한 수익이 예상된다면 수익에 맞춰서 적극적으로 입찰을 해야 한다는 것입니다."

회원도 반드시 낙찰받고 싶어 했기 때문에 오랜 논의 끝에 지난번 가격에 근접한 가격으로 입찰하기로 결정했다. 최종적으로 지난번 가격 수준인 1억 4,200만 원에 입찰을 하게 됐다. 입찰서를 제출하고 결과를 확인하니 여섯 명이 입찰해서 우리가 낙찰받았다. 아쉬운 점은 2등과 가격 차이가 1,500만 원이나 난다는 사실이다. 나도 종종 이런 경우가 있는데, 결과적으로 아쉬운 마음이 드는 것은 어쩔 수 없다. 그러나 임대가를 정확하게 계산하고 소신껏 입찰했다면 크게 문제가 없고 잘 산 것이다. 임대를 놓아도 연 25%의 수익은 되는 것이니 충분히 만족스러운 투자였다.

낙찰받고 나서 바로 경락대출을 알아보았는데, 생각보다 대출 조건이 매우 좋았다. 나는 회원에게 대출금은 낙찰가의 70%에 연 6%의 이자를 내야 한다고 언질을 주었는데, 이는 투자 계획을 안전하게 세우기 위해 보수적으로 책정한 금액이었다. 그런데 은행에서 낙찰가의 80% 금액을 연 4.7%의 이자로 대출해줄 수 있다고 확답을 받은 것이다.

그렇다면 자기 자금은 4,000만 원으로 줄어들고 월 이자는 45만 원이 채 안 되는 금액이다. 그동안 보증금 3,000만 원에 월 100만 원의 월세를 낸 것과 비교하면 매우 좋은 투자가 된 셈이다. 만일 이 사무실을 임대를 준다면 자기 자금은 2,000만 원이 묶이고 월세에서 이자를 내면 월 75만 원이 남을 것이다. 이 정도 수익은 경매를 꾸준히 해온 전문 투자자도 매번 얻을 수 있는 수익이 아니다. 나는 카페 회원에게 마지막으로 이렇게 일렀다.

"만약 나중에 이 사무실을 쓰지 않더라도 매각하지 말고 갖고 있으면서 임대료를 받으세요. 나도 상가를 여러 채 낙찰받아서 적절한 수준에 매각을 하곤 했는데, 상가는 매각하는 것보다 임대수익을 내는 게 훨씬 유리합니다. 임대료는 앞으로도 조금씩 오를 것이고, 1년 후에는 대출금 1,000만 원을 추가로 받을 수 있으니 굳이 매각할 필요가 없습니다."

장기적으로 임대를 주게 된다면 결국 자기 자금은 1,000만 원만 묶이고 월 70만 원의 임대수익을 실현할 수 있는 투자가 되는 셈이다.

올림픽 금메달리스트는 평생 월 100만 원의 연금을 받는다고 한다. 하지만 이 상금은 상속되지 않는다. 반면 경매로 상가를 낙찰받으면 매달 70만 원의 임대수익을 낼 수 있고 상속까지 가능하다. 이 정도 되면, 잘 낙찰받은 상가 하나가 올림픽 금메달 못지않은 매력적인 투자가 아니겠는가.

수 익 률 표

- 감정가 : 2억 300만 원
- 낙찰가 : 1억 4,200만 원
- 세금 포함 총 비용 : 약 1억 5,000만 원
- 대출 : 1억 1,000만 원(월 이자 45만 원)

* 기존에 보증금 3,000만 원에 월 임대료 100만 원을 내고 사무실을 임대해서 쓰다가 실투자금 4,000만 원에 월 대출이자 45만 원을 내고 실수요로 입주해서 사용하고 있음.

임대수익으로
월급통장 하나 더 만들기

언뜻 생각하면 투자금 1,000만 원에 월 30만 원의 수익을 내는 상가투자가 그리 대단하게 느껴지지 않을 수도 있다. 하지만 이러한 투자를 여러번 반복한다면 얘기가 달라진다. 이러한 방식으로 10건을 투자한다면자기 자본 1억 원으로 월 300만 원의 고정수익이 나오는 월급통장 하나를 마련하는 셈이다. 어떻게 이런 투자가 가능할까?

지금까지 내가 투자했던 상가들을 예로 들어 설명해보자. 나는 늘 실투자금 1,000만 원이 묶이면 월 30만 원 이상의 임대소득이 나오는 상가에 투자해 꾸준히 수익을 늘려왔다. 지금까지 투자했던 총 7건의 상가 수익률을 살펴보면 다음과 같다.

상가투자 1. 김해시 외동 2층 30평 상가

경남 김해시는 상업용지가 많아 가격이 대폭 떨어진 상가 건물이 경매로쏟아져나왔다. 나는 이곳 상가 물건을 검색해 두 개의 상가를 낙찰받았는데, 그중 하나가 바로 이 물건이다.

감정가 1억 5,000만 원의 상가를 4,650만 원에 입찰했는데, 공매 물건이기 때문에 경쟁률이 낮았고, 단독 입찰로 낙찰받아 세금을 포함하여총 5,000만 원을 들여 소유자가 되었다. 상가를 약 3분의 1 가격에 경매로 매입한 것이다.

이 물건은 은행 대출 2,500만 원을 받고 보증금 1,500만 원에 월 50만 원으로 학습지 회사에 4년간 임대를 주었다가 지금은 프랜차이즈 음식점이 리모델링을 하고 입주해 있다. 처음에는 자기 자본 1,000만 원이 묶이고 월세를 받아 은행 이자를 내고 월 37만 원의 임대수익이 났는데, 그동안 은행 금리가 떨어져 오히려 수익률이 올랐다. 현재는 실투자금 1,000만 원은 이미 다 회수한 상태이고, 은행이자 11만 원을 제하고 39만 원의 임대수익이 나오고 있다.

수 익 률 표 ───────────────
- 감정가 : 1억 5,000만 원
- 낙찰가 : 4,650만 원
- 세금 포함 총 비용 : 5,000만 원
- 대출 : 2,500만 원(월 이자 11만 원)
- 임대 계약 : 임대 보증금 1,500만 원 | 월 50만 원

* 실투자금 1,000만 원에 월 이자 11만 원 제하고 매달 39만 원의 임대수익 발생.

───────────────────────────────

상가투자 2. 김해시 외동 5층 40평 상가

■

이 물건도 김해시의 상가가 공매로 나온 것을 단독 입찰해 낙찰받았다. 이 물건은 선순위임차인으로 보이는 세입자가 있었기 때문에 가격이 많이 유찰되었다. 내막을 살펴보니, 세입자는 사업자 등록을 하지 않았고 서울 본사의 사업자등록증을 제출하여 그 날짜가 기록되어 있었다. 서울 본사의 사업자등록 날짜가 건물의 최초 근저당 설정일보다 앞서 언뜻 보면 대항력이 있어 보이는 세입자였으나 사실은 그렇지 않은 경우였다.

사업자 등록은 해당 지역 관할 세무서에 하게 되어 있는데, 이들은 해당 지역에 사업자 등록을 하지 않았다. 다만 서울 본사의 사업자등록증을 제출한 것이기 때문에 실제로는 임차인으로서 전혀 보호를 받을 수 없고, 대항력도 취득하지 못한 상태였다. 이처럼 위험해 보이는 물건도 권리관계를 잘 파악하면 전혀 위험하지 않은 물건인 경우가 상당하다.

입찰 전에 마지막으로 자산관리공사에 세입자가 사업자등록증을 제출했는지를 확인했다. 확인 결과, 아직 제출하지 않은 상태였고 나중에 제출한 사업자등록증을 보니 역시 서울 본사의 사업자등록증뿐이었다. 대항력이 있어 보이는 세입자였으나 대항력이 없다는 사실을 확인하였고, 덕분에 낮은 가격에 단독 입찰하여 낙찰받을 수 있었다.

이 물건은 감정가 1억 6,000만 원의 40평 상가를 4,500만 원에 낙찰받았고, 처음에는 건축사무실에 임대를 주다가 현재는 피부관리실에 임대를 주고 있다. 피부관리실의 임차인이 인테리어를 잘해놓아 당분간은 공실이 될 일이 없으며, 몇 년째 임대료를 올리지 않고도 초기 투자금 1,000만 원을 이미 회수한 상태이다.

수 익 률 표

- 감정가 : 1억 6,000만 원
- 낙찰가 : 4,500만 원
- 세금 포함 총 비용 : 4,900만 원
- 대출 : 2,800만 원(월 이자 12만 원)
- 임대 계약 : 임대 보증금 1,000만 원 | 월 45만 원

* 실투자금 1,100만 원에 월 이자 12만 원 제하고 월 임대수익 33만 원 발생.

상가투자 3. 용인시 구갈동 8층 33평 상가

■

용인시 구갈동에 위치한 상가로 이 상가 또한 공매로 나온 물건이라 경쟁률이 낮았다. 유치권 신고가 되어 있었으나 입찰 전 현장 조사를 해보니, 유치권은 해당 사항이 없는 것으로 확인되었다. 소유자의 다른 건물 공사비를 받지 못한 공사업자들이 해당 건물이 경매로 넘어가 이 건물에 유치권 신고를 했던 것이다.

유치권은 해당 건물의 공사비가 아니면 인정되지 않기 때문에 권리관계상 아무 문제가 없다고 판단했고, 단독 입찰해 낙찰받았다. 감정가 1억 2,000만 원의 상가를 4,160만 원에 낙찰받아 보증금 1,000만 원에 월 60만 원에 임대를 주었다. 결과적으로 실투자금 800만 원이 들었고, 대출 이자 12만 원을 제하고 48만 원의 임대수익이 나오고 있으며, 현재는 투자금을 모두 회수한 상태이다.

수 익 률 표 ─────────────────────

- **감정가 : 1억 2,000만 원**
- **낙찰가 : 4,160만 원**
- **세금 포함 총 비용 : 4,500만 원**
- **대출 : 2,700만 원(월 이자 12만 원)**
- **임대 계약 : 임대 보증금 1,000만 원 | 월 60만 원**

* 실투자금 800만 원에 월 이자 12만 원 제하고 매달 48만 원의 임대수익 발생.

상가투자 4. 인천 계양구청 앞 먹자골목 3층 50평 상가

■

이 물건은 인천 계양구청 앞의 먹자골목에 위치해 있었지만 현장 조사 결과, 상권이 약해 공실률이 꽤 높은 편이었다. 감정가 1억 9,000만 원의 50 평 상가를 6,200만 원에 낙찰받아서 보증금 1,000만 원에 월 90만 원에 임 대를 주었다. 주변의 공실률이 높은 편이었지만, 다른 상가에 비해 싸게 임 대를 놓아 임차인을 쉽게 구할 수 있었다. 상가를 분양받은 것이 아니라 경 매로 싸게 낙찰받았기 때문에 충분히 수익이 나는 수준으로 임대인을 찾을 수 있었다.

수 익 률 표 ──────────────────

- 감정가 : 1억 9,000만 원
- 낙찰가 : 6,200만 원
- 세금 포함 총 비용 : 6,800만 원
- 대출 : 3,800만 원(월 이자 16만 원)
- 임대 계약 : 임대 보증금 1,000만 원 | 월 90만 원

* 실투자금 2,000만 원에 월 이자 16만 원 제하고 매달 74만 원의 임대수익 발생.

상가투자 5. 부천 상동 4층 50평 상가

∎

이 상가는 감정가 1억 5,000만 원의 상가를 4,100만 원에 낙찰받았다. 세금을 포함하여 총 비용으로 4,500만 원이 들었고, 2,700만 원을 대출 받았다. 임차인을 구하는 중에 임대 보증금 2,000만 원에 월 30만 원에 들어오겠다는 사람이 있어 임대를 주고 나니 묶인 자금이 전혀 없이 오 히려 200만 원의 수익이 발생했다. 이자를 제하고 매달 18만 원의 임대 수익이 들어오고 있다.

- 감정가 : 1억 5,000만 원
- 낙찰가 : 4,100만 원
- 세금 포함 총 비용 : 4,500만 원
- 대출 : 2,700만 원(월 이자 12만 원)
- 임대 계약 : 임대 보증금 2,000만 원 | 월 30만 원

* 실투자금 없이 200만 원 남고 월 이자 12만 원 제하고 매달 18만 원의 임대수익 발생.

상가투자 6. 대전 둔산동 40평 상가

■

대전 둔산동에 위치한 감정가 1억 9,500만 원의 상가를 7,950만 원에 낙찰받았다. 낙찰받고 나서 연 7%에 6,000만 원을 대출받았고, 보증금 1,000만 원에 월 60만 원으로 임대를 놓았다. 5년이 지난 지금은 대출을 1,000만 원을 더 받고 이자는 연 5%대로 떨어져 수익률이 높아졌다.

수 익 률 표

- 감정가 : 1억 9,500만 원
- 낙찰가 : 7,950만 원
- 세금 포함 총 비용 : 9,000만 원
- 대출 : 7,000만 원(월 이자 30만 원)
- 임대 계약 : 임대 보증금 1,000만 원 | 월 80만 원

* 실투자금 1,000만 원에 월 이자 30만 원 제하고 매달 50만 원의 임대수익 발생.

상가투자 7. 대전 관평동 1층 23평형 상가

■

대전 관평동의 좋은 위치에 있는 상가가 공매로 나왔는데, 1억 8,000만

원 상당의 유치권이 신고되어 있어 여러 번 유찰되었다. 여러 정황을 확인한 결과, 유치권이 인정되려면 점유를 하고 있어야 하는데 유치권자가 점유를 하고 있지 않았고, 타인이 영업을 하고 있었기 때문에 유치권이 인정되기 어렵다고 판단했다. 그래서 단독 입찰해 낙찰받았다.

감정가 3억 6,000만 원의 상가를 1억 3,500만 원에 낙찰받아 보증금 5,000만 원에 월 130만 원을 받고 헤어숍에 임대를 주고 있다. 1억 2,000만 원의 대출을 받을 수 있었기 때문에 실투자금 없이 2,000만 원의 추가 수익을 올렸고, 월 80만 원의 임대수익이 발생하고 있다.

(이 물건에 대한 내용은 P.220에서 좀 더 자세히 살펴볼 것이다.)

수익률 표 ────────────

- 감정가 : 3억 6,000만 원
- 낙찰가 : 1억 3,500만 원
- 세금 포함 총 비용 : 1억 5,000만 원
- 대출 : 1억 2,000만 원(월 이자 50만 원)
- 임대 계약 : 임대 보증금 5,000만 원 | 월 130만 원

* 실투자금 없이 2,000만 원의 수익이 발생하고, 월 이자 50만 원 제하고 매달 80만 원의 임대수익 발생.

- 호프의 상가 투자 결과 : 총 7건의 상가를 낙찰받아 실투자금 3,700만 원을 이미 다 회수하였고, 매달 342만 원의 임대수익이 발생하고 있음.

나는 이처럼 수익률 30% 이상이 나오는 상가에 꾸준히 투자해 임대수익을 늘려왔다. 내 전문 분야가 법정지상권이다 보니 상가는 잘해야 일 년에 한두 건 정도 낙찰받고 있지만, 실적은 꽤 만족스러운 편이다.

물론 적당한 시점에 매수인이 나타나면 차익을 남기고 매각하기도 한

다. 하나의 상가를 매각하면 보통 임대소득 30만 원이 줄지만 묶인 자금인 약 3,000만 원(매매차익 + 자기 투자 자금)을 회수할 수 있고, 회수한 금액은 다시 다른 물건에 투자해 같은 방식으로 수익을 낼 수 있다. 물론 매각하지 않고 그대로 두어도 3년 정도 임대를 주면 투자 원금은 전부 회수할 수 있다.

현재까지 시세차익을 보고 매매한 상가를 제외하면 보유하고 있는 상가는 앞서 소개한 총 7건이다. 초기 투자금은 총 3,700만 원이 들었고 지금은 이미 원금을 다 회수한 상태이다. 그리고 임대수익이 매달 340만 원이 넘게 나온다. 이렇게 몇 번만 반복하면 자기 자본 1억 원이 묶이고 월 300만 원의 수익을 내는 투자도 충분히 가능하다. 이런 식으로 10년이 지나면 어떻게 될까? 모르긴 몰라도 상가 임대수익만으로 1,000만 원이 넘는 고정 수익을 내는 것도 불가능하지 않을 것이다. 경매투자를 열심히 할 필요도 없다. 일 년에 한두 건만 꾸준히 낙찰받아도 충분히 가능한 이야기이다.

이처럼 경매로 상가를 매입하면 비록 자금이 많지 않더라도 월 임대소득 300만 원 이상의 월급통장을 하나 더 만드는 것이 결코 어려운 일이 아니다. 경매를 통해 투자금 1,000만 원이 묶이고 월 30만 원의 임대소득이 나오는 상가에 반복해서 투자하면 결과적으로 자기 자본 1억 원이 묶이고 월 300만 원의 소득이 들어오는 투자가 가능해지는 시스템인 것이다. 그래서 나는 누군가 상가투자로 월 1,000만 원의 임대수익에 도전하겠다고 하면 충분히 가능한 일이라고 독려한다. 내가 할 수 있는 일을 다른 사람이라고 못할 이유가 없기 때문이다. 처음 몇 번은 경매의 프로세스에 익숙하지 않아 시행착오를 겪을 수도 있지만 한두 건만 신중하게 해결하고 나면 그다음부터는 어려움 없이 반복할 수 있고, 안정적인 노후를 위한 기반을 마련할 수 있을 것이다.

CHAPTER 4

법정지상권
고수익을 내는
공격적인 투자

남들에게 위험해 보이는 물건이 내게는 기회

경매 강의를 하다 보면 요즘은 어떤 물건에 투자하는 것이 유리한지를 묻는 질문을 자주 받곤 한다. 경기 회복은 예상보다 더디고, 소비심리 또한 위축돼 있는 현 시점에서 매력적인 경매 물건을 찾기가 쉽지 않은 것이다.

언론에서 언급하는 부동산과 경매에 대한 정보는 늘 아파트와 같은 일반물건에 국한되어 있고, 그마저도 분석의 깊이가 얕아서 투자자들의 가려운 곳을 긁어주지 못한다. 그러니 갈수록 고수익을 바라는 투자자들의 고민이 깊어지는 것이다.

경매의 매력은 살 때부터 이미 수익이 결정된다는 점이다. 부동산을 매입해 어떤 호재에 의해 가격이 올라 수익이 나는 것은 경매투자가 아닌 일반 매매로도 가능하다. 물론 지금의 부동산 시장에서는 그러한 투자가 쉽지 않고, 설사 보유하면서 가격이 오른다고 해도 상당히 오랜 기간을 기다려야 하기 때문에 투자의 매력이 떨어진다.

그래서 나는 경매투자를 하면서 사는 순간 이미 수익이 결정되는 물건에 투자하는 것을 선호한다. 그러려면 어떤 물건이든 시세보다 아주 싸게 낙찰받아야 한다. 그러나 잘 알다시피 요즘의 경매 시장에서 시세보다 아주 싸게 매입할 수 있는 물건은 그리 많지 않다. 아파트나 빌라 같은 일반물건은 급매가에 육박한 가격에 낙찰되기도 하고, 상가 건물 또한 갈수록 경쟁률이 치열해지는 상황이다.

경매 시장에서 낮은 가격까지 유찰되는 물건은 대부분 권리상 하자가 있는 물건들이다. 이들 대부분은 법정지상권이든 유치권이든 흠이 있어서 일반 투자자들이 투자하기를 꺼리는 것들이다. 하지만 흠이 있는 물건을 싼 가격에 낙찰받아 그 흠을 해결할 수 있다면 어떨까? 이러한 물건은 높은 수익을 보장해주는 틈새물건이 될 수 있다.

틈새물건 중에 내가 주로 투자하는 분야는 바로 법정지상권이다. 법정지상권은 토지 위에 건물이 있는 채로 토지나 건물 어느 한쪽만 매각에 나온 것으로, 법정지상권 성립 여지가 있는 지상의 건물을 해결할 수만 있다면 매우 매력적인 투자가 될 수 있다.

나도 경매투자 초기에는 일반물건에 투자해 수익을 냈지만 곧 고수익을 낼 수 있는 특수물건에 관심을 갖기 시작했다. 30대에 세 번의 경매로 내 집 마련에 성공한 후에는 줄곧 30% 이상의 고수익을 낼 수 있는 법정지상권 같은 특수물건에 관심을 갖고 투자를 해왔다.

경매 시장에서 이러한 물건은 아직까지 경쟁자가 많지 않고, 정상 토지 시세의 절반 수준에 매입할 수 있기 때문에 살 때부터 이미 수익이 보장되는 좋은 투자가 된다. 또 토지는 지가가 상승할 가능성이 높고, 오랫동안 보유하면 할수록 세금도 줄어들어서 지상권을 해결하는 시간만 버틸 수 있다면 투자자에게는 매우 유리한 투자가 될 수 있다. 물론 토지를 오랫동안 보유하고자 할 때는 해당 토지의 장래성도 충분히 고려해야 한다.

토지를 오랫동안 보유하지 않고 비교적 단기간에 해결하는 방법도 있다. 지상에 있는 건물의 가치가 높은 법정지상권 물건에 투자하는 것이다. 이때는 토지를 싸게 낙찰받아 건물주에게 적당한 가격에 매각해 차익을 남기는 것으로 비교적 단기간에 좋은 수익을 낼 수 있다.

중요한 것은 법정지상권 물건에서 건물이 법정지상권, 즉 토지주에 의해 철거당하지 않을 권리가 성립되지 않고, 건물의 가치가 있다면 토지주가 손해볼 일은 거의 없다는 사실이다. 법정지상권이 성립되지 않을 때, 토지주의 권한은 막강하다. 건물의 철거를 요청할 수도 있고, 지료를 받을 수도 있다. 토지를 낙찰받아 지상에 있는 건물을 해결하고 토지를 보유하든, 건물주와 협상해서 토지를 바로 매각하든 토지주는 손해를 보지 않는다. 요즘처럼 일반물건으로 수익을 내기 어려울 때 법정지상권 같은 특수물건은 부동산 경기와 상관없이 수익을 낼 틈새물건으로 충분히 투자가치가 있는 셈이다. 따라서 요즘의 경매 시장에서 30% 이상의 고수익을 내고 싶은 공격적인 투자자라면 일반물건보다는 법정지상권, 유치권 등의 특수물건을 노려야 한다.

특수물건은 일반물건과 권리분석의 기준이 다르고, 분야마다 파악해야 할 권리관계가 다르기 때문에 이에 대한 명확한 이해가 우선되어야 한다. 권리분석 자체도 일반물건에 비해 까다로운 편이라 초보자들의 진입장벽이 다소 높은 것이 사실이다. 그러나 한 번 제대로 익혀두기만 하면 그만큼 높은 수익률을 보장받을 수 있으며, 어떤 면에서는 경쟁률이 낮아 더 유리하다. 부동산 경기가 침체된 시기에도 내가 경매투자를 통해 꾸준히 수익을 낼 수 있는 것은 이처럼 특수물건을 통해 고수익을 올리기 때문이다.

집 없어도 땅은 사라, 이왕이면 흠 있는 땅을

처음 경매투자에 나섰을 때는 나도 일반물건을 주로 검색했다. 하지만 가난한 가장이었던 나는 얼른 큰 수익을 내고 싶었다. 곧 일반물건의 수익률로는 뒤집기가 불가능하다고 판단하고 더 나은 수익을 올릴 물건에 관심을 갖기 시작했다. 그러다 보니 차츰 토지에 눈이 가게 되었다.

보통, 건물은 사는 순간 수익이 결정되고 적절한 시기에 매수자가 나타나면 팔아서 수익을 낼 수 있다. 하지만 이러한 물건은 기대할 수 있는 수익이 정해져 있다. 경매로 시세보다 싸게 산 만큼만 수익이 되는 것이다.

하지만 토지는 다르다. 취득 시에 싸게 매입하면서 얻게 되는 수익뿐 아니라, 시간이 흘러 지가가 상승하면 추가적인 수익도 기대할 수 있다. 토지는 오래 보유하면 할수록 기대했던 수익보다 훨씬 높은 수익을 낼 수 있다. 때로는 예상외의 높은 수익을 얻는 경우도 있다. 이러한 이유로 나는 토지에 투자하고자 하는 사람에게 늘 두 가지를 강조하곤 한다.

첫째는 가격이 지속적으로 상승할 토지를 사라. 지금 당장은 아니더라도 장래에 개발 가능성이 있고, 지역적인 호재도 충분히 노려볼 만한 토지를 사야 장기적인 수익을 기대할 수 있다. 특히 나는 경기도권과 서해안권의 토지에 관심이 많다. 예를 들어 평택, 서산, 당진, 아산, 천안, 경기도 광주, 화성, 오산 등은 아직 지가 상승의 여력이 있는 지역들로 보인다.

이러한 지역의 농지나 임야는 지가가 상승할 가능성이 높고, 장래성도 비교적 좋은 편이므로 투자할 만한 가치가 있다. 실제로 평당 10만~

100만 원에 매입할 수 있는 토지가 많고, 두세 배의 지가 상승을 기대할 수 있는 토지도 존재한다. 반대로, 이미 도시계획이 이뤄져 분양된 땅은 지가가 오를 만큼 오른 상태이므로 투자가치로 따져봤을 때는 그리 매력적이지 않다.

둘째는 번듯하고 말끔한 토지가 아니라 흠 있는 토지를 사라. 흠 있는 토지라고 해서 남들이 거들떠보지도 않는 쓸모없는 토지를 말하는 것이 아니다. 권리관계가 복잡해서 남들이 투자하기를 꺼리는 법정지상권 같은 물건을 말하는 것이다.

토지가 경매로 나왔는데, 지상에 매각에서 제외된 건물이 있는 법정지상권 물건의 경우, 지상의 건물만 해결한다면 이 땅은 보석이 될 수 있다. 이러한 토지는 권리관계가 복잡해 입찰자가 적고 낙찰가도 시세의 50% 수준에 불과하므로 충분히 수익을 낼 수 있다. 지상의 건물은 투자 유형에 따라 해결 방법을 찾으면 되고, 시간이 다소 걸릴 수는 있으나 그마저도 양도세를 줄일 수 있는 기회가 되므로 투자자 입장에서는 그다지 손해볼 일이 없다.

법정지상권 물건에 꾸준히 투자하다 보니 나는 온전한 토지에는 별로 관심을 갖지 않게 되었다. 오히려 장래성이 있는 지역의 흠 있는 땅에 매우 관심이 많다. 흠 있는 땅은 시세의 절반 가격에 매입할 수 있으므로 매입할 때부터 이미 수익을 보장한다는 장점이 있다. 게다가 시간이 지나면 지가는 더욱 상승하기 마련이므로 추가 수익도 기대할 수 있다. 요즘 같은 부동산 시장에서 고수익을 낼 좋은 투자인 셈이다.

일 년에 한두 번, 연봉만큼만 노려라

내가 늘 강조하는 것은 경매투자는 재테크라는 사실이다. 누구나 나 같은 전문 투자자가 될 필요는 없다. 본업을 가지고 있으면서 재테크의 한 방법으로 경매를 꾸준히 하면 족하다. 주식이나 펀드에 투자하듯 평소에는 관심을 두지 않고 있다가 좋은 물건을 발견했을 때 집중적으로 투자하는 것이다. 경매는 다른 투자에 비해 원금을 잃을 위험이 적고 고수익이 가능하기 때문에 재테크의 하나로 경매를 적극 추천하고 싶다.

특히 본업 때문에 경매투자에 많은 시간을 쏟을 수 없는 직장인이라면 더 여유를 가지고 보석 같은 물건을 찾아야 한다. 어느 모로 보나 좋은 수익이 날 것이 분명한 물건을 찾을 때까지 기다려야 한다는 말이다.

물건에 따라 다르겠지만 법정지상권 물건은 일 년에 한두 건만 낙찰받아도 연봉에 가까운 수익을 낼 수 있다. 물론 이 정도의 수익은 자본금 1억 이하를 가지고 투자하는 경우에 해당한다. 연봉만큼의 수익을 내고 싶은 투자자라면 낙찰받는 자체가 중요한 것이 아니라 좋은 수익을 낼 물건을 제대로 낙찰받는 것이 중요하다는 사실을 반드시 기억해야 한다.

경매투자를 시작하는 초보자가 저지르는 실수 중에 가장 흔한 것이 급한 마음에 별 수익도 없는 물건을 비싸게 낙찰받는 것이다. 경험이 부족하다 보니 조금만 괜찮아 보여도 남들이 다 가져갈 것 같은 마음이 들어 조급해지는 것이다. 그래서 원래 생각했던 것보다 높은 가격에 입찰하는 실수를 저지른다. 이런 경우 금전적으로 큰 손해를 보지는 않더라도 물건을 검색해서 낙찰받고 처리하는 데까지 들인 수고에 비해 수익이 만족스럽지 않아 경매투자의 매력을 잃을 가능성이 높다. 또 부동산을 해결하기까지 한동안 자금이 묶이게 되고, 더 좋은 물건을 발견하고도 넋 놓고 바라봐야 하는 안타까운 상황이 벌어지기도 한다.

한 가지 조언을 하자면, 경매를 할 때는 항상 이번에 낙찰받지 못해도 상관없다는 마음으로 임해야 한다. 경험상 늘 기회가 있었고 더 좋은 투자가 기다리고 있었다. 남들이 보지 못한 좋은 물건이 반드시 있다는 사실을 명심하고 일 년에 한두 건만 낙찰받는다는 목표로 여유를 가지고 투자하기 바란다. 그렇게 평상심만 유지할 수 있다면 경매는 매우 안전하고 효과적인 재테크가 된다.

우리 카페 회원 중에도 생업에 종사하면서 여유자금을 가지고 법정지상권 물건에 투자해 연봉만큼 벌어들인 사례가 있다. 동대문에서 도매업을 하고 있는 회원인데 2,000만 원 정도의 여유자금을 가지고 투자할 물건을 찾다가 진천에 있는 한 토지를 발견했다.

법정지상권이 성립되지 않는 건물이 세워진 토지가 경매에 나올 경우 건물주에게 그 토지가 반드시 필요하다는 확신이 서면 투자해볼 만하다. 이 회원이 직접 현장에 가서 살펴보니 토지 위에 건물 두 채가 있는데, 딱 봐도 건물주에게 꼭 필요한 건물이라는 확신이 들었다고 한다. 그래서 그는 입찰을 결심했고, 단독 입찰을 예상하고 50만 원을 올려 써서 낙찰을 받았다. 낙찰받고 나서 바로 건물주를 만나 협상을 시도했고, 단기간에 1,000만 원의 수익을 남기고 바로 매각할 수 있었다. 이 모든 과정을 진행하는 데 채 두 달도 걸리지 않았다.

이 회원은 평소에는 자기 본업에 충실하다가 좋은 물건을 발견하면 한두 달 바짝 투자에 집중해 수익을 내고 다시 본업으로 돌아가는 방식으로 투자를 한다. 절대 일 년 내내 경매투자에 올인하지 않는다. 그러면서도 일 년에 한두 건의 투자로 연봉만큼을 벌어들이고 있다. 그가 경매에 관심을 갖게 된 계기는 이렇다.

"요즘처럼 청년 실업률이 높은 시대에 4년제 대학을 나와 봐야 초임 연봉 3,000만 원을 받기가 힘들잖아요. 그 정도로는 서울에 집 한 채는 커녕 전셋집도 얻기 힘들다고 생각했어요. 그래서 몇 푼 안 되는 이자 받으면서 은행에 차곡차곡 적금을 들거나 펀드에 투자하기보다는 경매투자를 하는 게 나을 거라고 판단했습니다. 경매는 부동산이기 때문에 시세 파악만 잘하면 주식처럼 손해볼 일은 없으니까요."

직장에 다니면서 업무 시간에 주식이나 펀드 등 재테크에 열을 올리는 직장인들이 많다. 하지만 경매투자는 그렇게 몰입한다고 해서 매번 좋은 물건을 만날 수 있는 것이 아니다. 오히려 느긋하게 끈기를 가지고 기다리는 사람이 보석을 발견할 확률이 높다. 그러니 본업에 충실하면서 퇴근 후에 매일 한두 시간만 짬을 내어 경매 물건을 검색해보자. 일 년에 한두 건만 낙찰받겠다는 생각으로 임해도 충분히 수익을 낼 수 있다. 욕심 내지 않고 딱 연봉 정도만 말이다.

적은 돈으로도 얼마든지 할 수 있다

다른 재테크도 마찬가지이지만 경매도 종잣돈이 어느 정도 있으면 그만큼 투자의 폭이 넓어진다. 자본주의 사회에서 투자는 돈이 돈을 버는 게임이기 때문이다. 하지만 종잣돈이 없다고 해서 낙심할 필요는 없다. 종잣돈이 생길 때까지 기다리는 것보다 소액 물건에 투자해 리스크 부담은 줄이고 경매의 프로세스를 익히는 것이 도움이 된다.

나 역시 초보 투자자일 때는 입찰금이 부족해서 늘 애를 먹곤 했다. 어느 정도 경매투자의 베테랑이란 소릴 듣게 된 후에도 여러 건을 동시에 진행하다 보면 유동자금이 부족했다. 이때 나는 경락잔금대출을 받곤 했다. 대출을 활용하면 1억 원짜리 부동산을 매입할 때 자기 자본 3,000만 원만 있으면 되기 때문이다.

대출이 부담스럽다면 소액 투자 물건을 찾아보는 것도 한 방법이다. 지분이나 법정지상권 물건 중에는 종잣돈이 많지 않아도 도전해볼 만한 소액 물건이 상당히 많다. 그래서 나는 강의를 할 때 "투자는 의지의 문제이지 자본의 문제가 아니다."라고 늘 강조한다.

실제로 나는 감정가 1,000만 원인 지방의 토지를 단돈 90만 원에 낙찰받아서 단기간에 300만 원의 수익을 내고 매각한 적이 있다. 금액으로 따지면 그리 큰 액수는 아니지만 수익률로 따지면 300% 이상을 기록한 투자이다. 이런 투자가 가능한 것은 내가 산 토지 위에 5,000만 원 상당의 건물이 있었기 때문이다. 이 건물이 법정지상권이 성립되지 않았기 때문에 건물주와 순조롭게 협상을 진행할 수 있었다.

또 한번은 1,200만 원에 감정평가된 토지를 300만 원에 낙찰받아 역시 단기간에 300만 원의 수익을 내고 매각한 적도 있다. 이는 100%의 수익률을 달성한 투자이다. 이처럼 특수물건 중에는 소액으로 투자해 단기간에 높은 수익률을 올릴 물건이 얼마든지 있다.

요즘은 20대 청년들도 경매에 관심을 많이 보이는데, 보통의 20대라면 종잣돈이 많지 않으므로 시험 삼아 소액 물건에 투자하는 것이 좋은 공부도 되고 돈도 벌 수 있는 방법이다. 물건을 잘 고르면 경매에 입문하는 20대라도 시세 대비 수익을 낼 투자를 할 수 있다. 틈날 때마다 경매 지식을 쌓으면서 물건에 대한 안목을 높이다가 부담이 적은 소액 물건을 만났을 때 경험 삼아 투자해보면서 내공을 기르는 것이다.

특히 소액 투자는 초보자들이 경매의 전반적인 과정을 익히는 데 도움이 된다. 처음부터 규모가 큰 물건에 입찰하면 권리분석이나 물건분석에서 미처 확인하지 못한 실수로 인해 낙찰 후 적지 않은 손해를 볼 수 있다. 하지만 소액 물건에 입찰한다면 리스크도 크지 않을뿐더러 스스로 경매의 전 과정을 실습해볼 좋은 기회가 된다. 소액 투자 한 건으로 경매에 자신감을 갖게 되는 것이다.

우리 카페 회원 중에도 경매 강의를 듣고 법정지상권 물건에 투자한 대학생의 사례가 있다. 이 학생은 강의를 듣고 법정지상권 물건을 찾던 중 금액이 적은 물건 하나를 발견했다. 1,675만 원에 감정평가된 물건이었고, 한 번 유찰되어 가격이 70%까지 떨어진 상태였다. 학생 신분이라 자금이 넉넉지 않았지만, 소액 투자라 부담 없이 임할 수 있었다. 이 학생은 경험을 쌓는다는 가벼운 마음으로 권리분석을 하고 입찰을 했는데, 경매 첫 입찰에서 1등으로 낙찰받았다. 2등과의 금액 차이는 고작 10만 원이었다. 법정지상권 물건이라 경쟁자가 많지 않았던 것이다.

난생 처음으로 낙찰까지 받았지만, 그는 어리둥절하기만 할 뿐 마냥 기쁘지만은 않았다고 한다. 그도 그럴 것이 입찰 보증금인 120만 원이 없어서 여자친구에게 80만 원을 빌려서 입찰했던 것이다. 그런데 법정지상권 물건은 대출도 쉽지 않다. 막상 낙찰을 받고 나니 잔금 내는 것부터가 걱정이었다. 고민 끝에 부모님께 강의 내용을 바탕으로 설명을

드린 후 돈을 빌려 잔금을 낼 수 있었다.

이제 건물주와 협상하는 일이 남았다. 법정지상권 물건은 건물주와 만나 권리에 대한 이해를 시키는 것이 가장 중요한 부분이다. 그러나 이 학생에게는 이마저도 쉽지 않았다.

"잔금을 내고 건물주와 처음 만났는데, 제가 너무 어려 보였는지 낙찰받은 땅 위의 건물이 철거 대상이라는 말을 믿지 않더라고요."

협의가 되지 않자 그는 할 수 없이 소송을 진행했다. 처음 낙찰받은 물건에 첫 소송이라 부담이 이만저만이 아니었다. 입찰 보증금도 빌릴 정도였으니 변호사 선임 비용이 있을 리 없었다. 그는 소장을 직접 작성하기로 마음먹었다.

"처음에는 막막하기만 했는데, 권리분석상 소송에서 이길 수 있다는 확신이 있었고, 물건 자체가 워낙 작은 물건이라 어렵지 않게 시도할 수 있었어요."

소송이 시작되고 약 6개월 후 비로소 철거 판결을 받을 수 있었다. 건물주는 그제야 적극적으로 협상을 해왔다. 그는 1,200만 원에 산 토지를 건물주에게 1,600만 원에 매도함으로써 첫 번째 물건을 무난히 해결했다. 수익은 400만 원에 불과했지만, 수익률로 따지면 33%로 그리 나쁘지 않은 투자였다.

비록 수익이 크지 않고, 해결하는 데도 시간이 오래 걸렸지만 그는 이 한 건으로 일반 투자자들이 어려워하는 법정지상권 물건의 투자 방법을 확실히 익히고, 혼자 힘으로 소송하는 법까지 배웠다. 이후 그는 한 건의 물건을 더 낙찰받아 해결하고 지금은 더 큰 물건에 투자하기 위해 종잣돈을 모으고 있다.

모르긴 몰라도 젊은 시절 이런 경험은 그의 인생에서 돈으로는 살 수 없는 귀한 자산이 될 것이다. 큰 물건이든 작은 물건이든 권리분석이나 경매 절차는 크게 다르지 않으므로 이후 좀 더 큰 물건에 투자할 때 같은 방식으로 투자하면 되기 때문이다.

투자를 하기 전에 일단 종잣돈부터 모으는 것이 정석이지만, 종잣돈을 모으는 과정에서 시험 삼아 소액 물건에 투자해보는 것은 법정지상권과 같은 특수물건에 투자하는 데 매우 좋은 방법이 될 것이다.

먼저 법정지상권 성립 여부를 판단하라

그렇다면 본격적으로 법정지상권 관련 투자에 대해 알아보자. 일단 먼저 경매 물건 가운데 '법정지상권 성립 여지 있음'이라는 문구가 있는 물건은 대부분 위험한 물건이라는 사실을 기억하자. 건물은 매각에서 제외된 채 토지만 경매로 나온 물건을 법정지상권 물건이라고 하는데, 보통은 권리관계가 복잡하고 법정지상권이 성립될 경우, 토지주에게 제한이 많기 때문에 투자하기를 꺼린다.

그러나 '법정지상권 성립 여지가 있는 물건' 중에서 실제로는 법정지상권이 성립되지 않는 경우가 있는데, 이는 고수익을 낼 수 있는 틈새물건이다. 그래서 경매 고수들 중에는 법정지상권 물건만 전문적으로 투자하는 이들도 상당히 많다.

하지만 법정지상권 물건은 일반물건과 다른 특수물건이므로 투자 메커니즘을 정확히 이해해야 제대로 된 투자를 할 수 있다.

우리나라는 토지와 건물에 별도의 권리가 인정되는 나라이다. 소유권 뿐만 아니라 근저당권이나 전세권 등의 권리도 별도로 설정이 가능하다. 현실적으로는 토지와 건물의 소유자가 동일인인 경우가 많지만 그렇지 않은 경우도 많다.

지상권이란, 타인의 토지를 자신의 토지처럼 사용할 수 있는 권리로 토지 등기부등본에 이를 등기하게 된다. 등기한 지상권자로서 건물 소유자는 토지의 사용 자격을 얻게 되어 사실상 자기 토지처럼 사용할 수 있다.

그런데 경매에서 자주 문제가 되는 지상권은 바로 법정지상권이다. 법정지상권이란 타인의 토지 위에 건물이나 기타 공작물을 가지고 있는 건물의 소유자가 토지에 지상권 설정을 하지 않더라도 법적으로 토지의 사용 권한을 가지고 있다고 인정해주는 권리를 말한다. 말하자면 법률의 규정에 의하여 상호 약정이 없더라도 당연히 인정되는 지상권을 의미한다. 따라서 법정지상권이 성립되는 건물은 타인의 토지 위에 있더라도 약정 또는 법적인 규정에 의한 지료만 지불하면 토지를 사용하는데 아무 문제가 없다.

문제는 법정지상권이 성립되지 않을 때이다. 법정지상권이 성립되지 않으면 건물주는 자신의 건물이 타인의 토지 위에 있기 때문에 토지 사용 권한이 없고, 토지주가 토지 인도 요청을 하면 건물을 철거하고 토지를 넘겨주어야 한다. 한마디로, 법정지상권이 성립되지 않을 때라면 토지주의 권한이 막강해지는 것이다.

만약 경매로 나온 토지 위에 법정지상권이 성립되는 건물이 있다면 토지를 낙찰받아도 토지주는 지상에 있는 건물 때문에 토지 사용에 제한을 받는다. 따라서 이런 물건은 투자가치가 별로 없다. 낙찰자의 수익은 건물주에게 토지 사용에 따른 지료를 받는 것이 전부이다. 지료는 토지 시세의 연 2~5% 수준이므로 투자자에게는 그리 매력적이지 않다.

하지만 지상의 건물에 법정지상권이 성립되지 않는다면 얘기가 달라진다. 토지 낙찰자는 건물의 철거를 요청할 수 있고, 건물주에게 토지 사용에 대한 지료도 받을 수 있다. 게다가 법정지상권 성립 여지가 있는 토지는 일반물건에 비해 낙찰가가 낮기 때문에 건물 문제만 잘 해결한다면 상당히 만족스러운 수익을 기대할 수 있다.

이러한 메커니즘을 가지고 '법정지상권 성립 여지가 있는 물건' 중에서 실제로는 법정지상권이 성립되지 않는 물건에 투자하는 것이 법정지상권 투자의 핵심이다. 다만 법정지상권 물건에 투자할 때 토지 낙찰자가 건물을 잘 해결한다는 것은 토지 사용 권한을 내세워 건물을 철거하는 것이 아니라, 건물주에게 토지를 매입하도록 잘 협상하는 것을 말한다.

만약 건물이 가치가 있다면 건물주는 건물을 철거하기보다는 토지를 매입하기를 원할 것이다. 낙찰자는 토지를 싸게 낙찰받았으므로 시세보다 낮은 가격에 토지를 매각해도 충분히 수익을 낼 수 있다. 건물주 또한 토지를 시세보다 싸게 매입한다면 큰 불만 없이 협상에 응할 것이다. 이처럼 법정지상권이 성립되지 않는 토지를 저렴하게 낙찰받아 건물주에게 단기간에 매각해서 수익을 내는 것이 내가 주로 하는 법정지상권 투자 방식이다.

법정지상권 권리분석, 이것만은 체크하자

법정지상권 성립 여지가 있는 토지는 그렇지 않은 토지에 비해 효용가치가 떨어지기 때문에 잘 팔리지 않는다. 만약 이런 토지 중에서 법정지상권이 성립되지 않는 토지를 가려낼 수 있다면 충분히 투자가치가 있다. 그러려면 우선 경매로 나온 토지에 법정지상권이 성립되는지를 확인해야 한다.

일반물건에 투자할 때 권리분석을 통해 말소기준권리를 찾고, 확정일자와 전입신고 일자를 확인해 세입자의 대항력 여부를 확인하는 것처럼, 법정지상권 물건에 투자할 때는 토지 위의 건물이 법정지상권이 성립되는지를 판단하는 것이 가장 기본인 셈이다.

법정지상권이 성립하는 조건은 다양하다. 그중에서 경매 부동산의 매각으로 인하여 발생하는 법정지상권이 있는데 이 법정지상권을 이해하지 못하면 사실상 토지 경매를 하기가 어렵다.

법정지상권 물건의 권리분석은 상황에 따라 ①민법상의 법정지상권과 ②관습법상의 법정지상권으로 나뉜다. 우선 민법상의 법정지상권이 성립하려면 토지에 저당권을 설정할 당시 이미 건물이 존재했어야 하고, 토지와 건물의 소유자가 동일했던 순간이 있어야 한다. 만약 토지에 저당권이 설정돼 있지 않다면 관습법상의 법정지상권이 성립되는지를 알아보아야 하는데, 이때는 토지와 건물의 소유자가 동일했던 순간만 있으면 법정지상권을 취득하게 된다.

법정지상권의 권리분석을 할 때는 토지와 건물의 등기부등본과 건축물대장을 시대 순으로 나열해놓는다. 등기부등본에서는 토지의 저당권

설정 시기를 살펴보고, 건물의 건축물대장에서 건물 건축 시점을 확인하여 둘 중 어느 것이 먼저인지를 확인해야 한다. 그리고 토지와 건물의 소유자가 같았던 적이 있는지를 확인하면 법정지상권 성립 여부를 가늠할 수 있다.

한 가지 유의할 점은, 토지 위의 건물이 미등기 건축물이거나 불법 건축물이어도 법정지상권 취득이 가능하다는 점이다. 건물이 미등기 건물일 경우에는 등기부등본으로 소유 관계를 확인하기 어렵기 때문에 토지 소유자와 건물 소유자가 동일하다는 전제하에 권리분석을 해야 안전하게 투자할 수 있다.

이처럼 법정지상권 물건도 일반물건처럼 확인해야 할 것이 무엇인지만 알면 충분히 투자할 수 있다. 처음 경매를 배울 때 일반물건을 가지고 여러 번 반복하다 보면 권리분석에 익숙해지는 것처럼 법정지상권 물건도 실제 경매 물건을 가지고 여러 번 권리분석을 하다 보면 그리 어렵지 않게 법정지상권 성립 여부를 파악할 수 있다.

다만 법정지상권 물건은 시세보다 싸게 낙찰받을 수 있다는 장점이 있는 반면, 건물주와 협상하는 과정에서 시간이 오래 걸릴 수 있고, 법정지상권의 특성상 은행 대출이 어렵다는 점에 주의해야 한다. 막연한 계획을 가지고 입찰하면 자금이 오래 묶일 수 있으므로 철저한 자금 계획을 세운 다음에 투자하는 것이 좋다.

법정지상권은 토지 경매에서 늘 도사리고 있는 함정이다. 아파트나 빌라를 벗어나 좀 더 높은 수익을 올릴 수 있는 물건에 관심이 있는 투자자라면 법정지상권에 대해 확실히 알아둘 필요가 있다. 법정지상권 물건에 투자할 때는 반드시 다음과 같은 사항을 체크해야 한다.

법정지상권의 권리분석 개요

법정지상권은 토지와 건물 중 하나만 경매가 진행되고 나머지는 매각에서 제외되어 한쪽만 낙찰되었을 때 토지주와 건물주의 토지 사용권이 인정되는지 여부를 파악하는 것이 가장 중요하다.

법정지상권의 권리분석을 할 때는 토지 등기부등본상에 담보채권이 존재하는지 여부와 그 시기, 토지와 건물의 소유 관계, 건물의 시작 시점 등을 확인하여 최종적으로 건물의 법정지상권 취득 여부를 판단하게 된다.

민법상의 법정지상권

민법에서 요구하는 건물의 법정지상권 취득 요건은 토지에 근저당 설정 당시 이미 건물이 존재하고 있어야 하고, 토지와 건물의 소유자가 근저당이 설정되기 이전에 동일한 적이 있어야 한다. 이 두 가지를 모두 갖추어야 민법상의 법정지상권을 취득할 수 있고, 하나만 만족해서는 건물의 법정지상권을 취득하지 못한다.

따라서 매각이 진행되는 토지에 근저당과 같은 담보물권이 있을 경우에 민법상의 법정지상권에 근거해 법정지상권이 성립되는지 여부를 판단하면 된다.

일반적으로 건물을 건축할 때는 건물이 없는 나대지 상태에서 토지에 담보대출과 근저당 설정이 이루어지고, 그 후에 건물을 짓게 된다. 그러고 나서 채무로 인해 토지만 경매가 진행되어 낙찰되었을 경우, 이 지상의 건물은 법정지상권을 취득하지 못한다.

- 토지 등기부등본에 근저당과 같은 담보물권이 설정된 날짜가 언제인지 확인한다.
- 매각에서 제외된 건물의 건축 허가 시점과 착공 신고 시점이 언제인지 확인한다. 민법에서 건물이라고 하는 것은 누구나 건물이 올라갈 것으로 인정될 만한 수준에 이른 상태를 의미한다. 건물 공사를 진행하여 1개층 건물의 지붕과 벽체가 완성되었다면 이 건물은 민법상 독립된 건물로 인정받을 수 있다. 결국 건물 1개층이 완성된 시점과 토지의 근저당 설정 시점을 비교해서 토지의 근저당이 먼저 설정되었다면 이 건물은 법정지상권을 취득하지 못한다.
- 토지와 건물의 소유자가 동일한지 확인한다. 토지에 근저당을 설정하기 이전에 토지 위에 건물이 있었다고 하더라도 건물과 토지의 소유자가 동일한 역사가 있어야 법정지상권을 취득할 수 있다. 만약 동일한 적이 없다면 법정지상권을 취득하지 못한다. 또 토지에 근저당 설정 이후에 건물과 토지의 소유자가 동일한 것은 인정되지 않는다.

토지·건물 공동담보 설정 후 구건물 철거 그리고 신축

토지와 건물에 공동으로 담보 설정을 하고 건물을 철거하고 나서 다시 다른 건물을 신축하는 경우가 있는데, 이때 토지만 경매가 진행된다면 신축한 건물은 법정지상권을 취득하지 못한다.

하지만 토지와 건물을 공동담보 설정한 것이 아니라 토지에만 담보를 설정한 경우가 있다. 즉, 토지에 담보를 설정할 당시에 건물이 존재했음에도 불구하고 건물의 미등기 등의 이유로 토지만 단독으로 담보를 설정한 후 기존 건물을 증축, 개축 또는 철거(멸실)하고 신축한 경우이다. 그 이후에 토지만 경매가 된다면 이때는 지상의 증축, 개축, 신축된 건물은 법정지상권을 취득하게 된다. 토지·건물 공동담보가 아니라 토지만 단독으로 담보가 설정되었기 때문이다. 이런 경우 초보자들은 법정지상권 성립 여부가 헷갈릴 수 있으므로 주의해야 한다.

또 저당권이 설정된 토지만 매각이 진행되고 지상의 건물은 매각에서 제외되었을 경우를 살펴보자. 이때는 지상의 건물이 토지 저당권 설정 이후에 건축이 시작되었거나 현 건물의 소유자가 토지와 동일한 적이 없다는 이유로 민법상의 법정지상권을 적용해서 지상의 건물이 법정지상권을 취득하지 못한다고 잘못 판단할 수 있는데, 사실은 그렇지 않다. 현재의 건물 이전에 구건물이 있었고 구건물과 토지의 소유자가 동일한 상태에서 건물을 제외한 토지만 단독 저당을 설정하고 구건물을 철거하고 지금의 건물을 신축하였다면 이는 법정지상권의 함정으로 지상의 건물은 민법상의 법정지상권이 아닌 관습법상의 법정지상권을 취득한다.

│ 이것만은 체크하자 │

- 토지와 건물에 설정된 근저당이 공동저당인지, 아니면 토지만 단독저당인지 확인한다.
- 토지와 건물의 소유자가 동일한 역사가 있는지 확인한다.
- 지금의 건물과 등기등본상의 건물이 동일한 건물인지 확인한다.
- 토지만 단독저당이 설정되었다면 지금의 건물 이전에 토지를 단독저당 설정할 때 구건물이 있었는지 확인한다.

관습법상의 법정지상권

토지에 근저당 등의 담보물권이 없는 상태로 강제경매로 토지만 경매가 진행된다면 이때는 민법이 아닌 관습법에 의한 법정지상권이 성립되는지를 판단해야 한다. 이 경우 토지에 근저당과 같은 담보물권이 없으니 권리관계는 오로지 토지와 건물의 동일 소유 여부만을 놓고 판단한다.

토지에 담보물권이 없는 상태에서 토지와 건물의 소유가 동일한 순간이 있었고, 건물을 제외한 토지만 매각이 진행된다면 매각에서 제외된 지상의 건물은 관습법에 의한 법정지상권을 취득하게 된다. 이때 토지와 건물 소유권의 동일성이 인정되는 시점은 토지가 낙찰되는 시점까지 이고 낙찰 이후에 소유가 동일하게 된 경우에는 관습법상의 법정지상권을 취득하지 못한다.

하지만 만일 토지에 근저당이 아닌 압류나 가압류가 있다면 이들 채권이 등기된 시점 이전에 토지와 건물의 소유권이 동일해야 법정지상권을 취득할 수 있다. 만약 채권이 등기된 후에 소유자가 동일해졌다면 이역시 법정지상권을 취득하지 못한다.

| 이것만은 체크하자 |

- 토지에 근저당과 같은 담보물권이 있는지 확인한다.
- 근저당이 없다면 토지에 가압류나 압류채권이 등기된 일자가 언제인지 확인한다.
- 건물의 소유자가 누구인지 확인한다.
- 건물의 시작 시점이 언제인지 확인한다.
- 토지와 건물의 소유권이 동일한 순간이 있었는지 토지등기부, 건물등기부를 통해 확인한다. 만약 건물 기록이 없다면 건축 허가 사항을 통해 확인해야 한다.

미등기 건물의 법정지상권

미등기된 건물이거나 불법 건축물이라고 해서 법정지상권을 취득하지 못하는 것은 아니다. 법정지상권은 건물이 미등기이든 불법 건축물이든 상관없이 성립할 여지가 있다.

일반적으로 건물의 소유 관계와 건축 시점은 건물 등기부등본이나 건축물대장을 통해 확인할 수 있다. 그런데 건물이 미등기인 경우라면 건물의 소유권 변동사항과 시작일자를 확인하기가 어렵다는 단점이 있다. 만약 적법한 절차를 거쳐 건축한 건물이라면 아직 보존등기가 되어 있지 않더라도 해당 관청의 건축 허가 사항에서 건축주와 허가, 착공 시점을 확인할 수 있다. 하지만 투자자는 해당 건물에 대한 이해관계인이 아니기 때문에 이러한 내용을 확인하기가 쉽지 않을 것이다. 이때는 탐문조사를 통해 이를 확인해야 한다.

추가로 A라는 사람의 토지에 A가 건물을 건축하고 건물은 미등기인 상태로 토지만 경매로 매각이 된다면 지상에 있는 A의 미등기 건물은 A가 원시취득자로서 관습법상의 법정지상권을 취득하게 된다. 하지만 만일 이 토지와 미등기 건물을 A가 B에게 매각하고, 토지만 B의 이름으로 등기 이전을 하고 건물은 등기가 없어 이전되지 않은 상태로 있다가 토지가 경매로 매각된다면 이때는 법정지상권을 취득할 수 없다. B가 매매로 취득한 미등기 건물이 아직 등기되지 않아서 관습법상의 법정지상권을 취득할 수 없기 때문이다. 따라서 이 미등기 건물은 법정지상권을 취득하지 못하고 철거 대상이 된다.

문제는 이러한 물건이 법정지상권을 취득하지 못한다고 판단해 투자하려고 할 때 변수가 발생할 수 있다는 사실이다. A와 B는 건물이 아직 등기되지 않은 것을 이용해 계약서를 다시 작성할 수 있다. 즉, A가 토지와 건물을 같이 매각한 것이 아니라 토지만 B에게 매각했다고 주장할 수도 있는 것이다. 그렇게 되면 서류상 건물의 소유권은 그대로 A가 가지고 있는 것이므로 이때는 법정지상권을 취득하게 된다. 따라서 이런 물건에 투자하기 위해서는 확실한 소유 관계의 근거를 확보한 후에 권리관계를 판단해야 안전하다.

- 토지에 담보물권이 있는지 확인한다.
- 토지에 가압류나 압류채권이 있다면 그 시기가 언제인지 확인한다.
- 미등기 건물의 소유자가 누구인지 확인한다.
- 미등기 건물을 처음 건축한 사람이 누구인지, 즉 원시취득자가 누구인지 확인한다.
- 미등기 건물이 있는 상태로 토지의 소유권 변동이 있었는지 확인한다.

차지권과 법정지상권

법정지상권 물건에 투자하는 경우 간과하기 쉬운 부분이 바로 '차지권'이다. 차지권이란 토지 임차권을 말하는 것으로, 토지주와 건물주가 토지 임대차 계약을 한 상태를 말한다.

만약 건물주가 토지주와 토지 임대차 계약을 맺었다면 건물을 제외한 토지가 경매될 때 매각에서 제외된 지상의 건물이 법정지상권을 취득하지 못했다고 하더라도 법정지상권의 권한과 거의 동일한 권한인 차지권으로 토지사용권을 취득하게 된다.

법정지상권에서는 토지와 건물의 소유가 동일한 순간이 없이 토지만 매각되었을 경우, 매각에서 제외된 건물은 무조건 법정지상권을 취득하지 못하고 철거 대상이 된다. 하지만 토지주와 건물주 사이에 임대차 계약이 있으면 토지 낙찰자는 낭패를 보게 된다. 이때는 법정지상권과 거의 동일한 권한을 건물주가 가질 수 있기 때문이다.

문제는 이 차지권은 토지주와 건물주 당사자 사이의 계약으로 제3자가 알 수 있도록 공시되지 않는다는 점이다. 따라서 투자자들이 확인할 방법이 없어 실수할 수 있다. 또 건물주와 토지주가 임대차 계약 사실이 없다 하더라도 낙찰 후에 거짓으로 임대차 계약서를 작성하고 차지권을 주장할 수도 있는데, 이 경우에도 낙찰자는 소송에서 불리할 수 있다. 물론 소송을 하게 된다면 건물주는 토지 임대차 계약서와 임대료 입금 내역을 입증해야 하는 책임이 있으나 토지 투자자로서는 사실 관계를 확인하기 어려운 불안한 투자를 하게 된다는 단점이 있다.

하지만 이러한 차지권도 조건을 갖추어야 인정될 수 있는데, 토지에 저당권과 같은 담보물권이나 가압류나 압류의 권리가 설정되기 이전에 건물주와 토지주가 토지 임대차 계약을 맺어야만 인정된다는 것이다. 또 건물이 미등기 건물일 경우에는 차지권을 주장할 수 없다.

| 이것만은 체크하자 |

- 토지와 건물의 소유자가 동일한 순간이 있었는지 확인한다.
- 토지에 저당권이나 가압류, 압류등기가 기록된 시점을 확인한다.
- 건물의 시작 시점을 확인한다. 여기서 건물 시작 시점은 독립된 건물로서 인정될 수 있는 1개층의 지붕과 벽체가 완성된 시점을 말한다.
- 토지와 건물의 소유가 동일한 적이 없다면 만일을 위해 토지 임대차 계약이 있는지를 확인해야 한다. 하지만 이는 공시되는 내용이 아니기에 탐문 조사를 해야 하고, 이에 대한 증거를 확보하고 있어야 만일의 경우에 대비할 수 있다.

공유지분의 토지와 법정지상권

지상의 건물은 매각에서 제외되고 토지만 경매로 진행되는 경우 중에서 토지 전체가 아닌 일부 지분만 매각에 나온 경우가 있다. 이때 투자자는 토지 지분을 낙찰받았을 때 건물에 대한 철거소송이 가능한지 확인해야 한다.

낙찰받은 토지가 과반수 이상, 즉 51% 이상의 지분일 경우 토지 낙찰자는 건물에 대한 법정지상권을 판단하여 철거소송을 진행할 수 있다. 그러나 토지 지분이 50% 이하인 경우에는 건물 철거소송 자체가 불가능하다. 만약 건물 철거소송을 하고 싶다면 과반수 이상을 소유한 토지주의 동의를 받아야 한다. 그렇기에 법정지상권으로 지분 물건을 검토한다면 과반수 이상의 토지 지분에 입찰해야 한다.

| 이것만은 체크하자 |

- 토지와 건물의 법정지상권이 성립되는지 확인한다.
- 토지의 지분이 과반수 이상인지 확인한다.

시나리오에 따라 체크해야 할 것이 다르다

법정지상권 물건에 투자할 때는 매각에서 제외된 건물을 어떻게 해결할 수 있느냐가 투자의 관건이다. 따라서 처음부터 토지 위의 건물을 어떤 방식으로 해결할지 시나리오를 정하고, 건물에 대한 확실한 해결책이 있을 경우에만 투자해야 한다. 그렇지 않으면 토지를 낙찰받고 나서 해결하지 못하고 자금이 오래 묶이거나 손해를 볼 수 있다.

시나리오 1. 토지를 낙찰받아 건물주에 매각한다

법정지상권 투자에서 내가 가장 많이 쓰는 시나리오는 토지를 낙찰받아 건물주에게 매각하는 방식이다. 이는 법정지상권의 가장 일반적인 투자 유형이라고 할 수 있다.

예를 들어, 법정지상권이 성립되지 않는 건물이 있는 토지를 낙찰받으면 토지주는 건물의 철거를 요구할 수 있을 만큼 막강한 권한을 갖게된다. 이때 지상의 건물이 충분히 가치가 있다면 건물주는 철거 대신 토지를 매입하려고 할 것이다. 그러면 토지주는 건물주에게 토지를 매각하는 방식으로 수익을 남길 수 있다. 따라서 법정지상권 물건에 투자할 때는 건물의 가치가 얼마나 좋은가를 먼저 확인해야 한다. 그래야 건물주가 포기하지 않고 이 토지를 매입할 것이기 때문이다.

여기서 건물이 좋다는 것은 단순히 건물이 깨끗하고 새로 지은 건물이라는 의미가 아니라, 실제 거래되는 건물의 가치가 높다는 의미이다. 만약 건물은 신축 건물이지만 임대가 약하고 실제 건물의 가치가 높지 않다면 건물주가 토지를 매입하기보다는 건물을 포기할 가능성이 있으므로 주의해야 한다. 그런데 투자를 하다 보면 간혹 단순히 법정지상권이 성립되지 않는다는 이유만으로 무조건 입찰을 하는 투자자들이 있다. 하지만 건물주가 토지를 살 수 없다면 이는 좋은 투자라고 할 수 없다. 투자자는 여러 정황을 고려하여 건물을 해결할 확신이 들 때에만 입찰을 해야 한다. 특히 토지를 건물주에게 매각하는 시나리오를 가지고 입찰을 했다면 자신이 낙찰받은 토지를 건물주가 사줄 만한 능력이 되는지를 꼼꼼히 확인해야 한다.

그러려면 우선 건물에 채무가 없어야 한다. 건물의 등기상 등재되어 있는 채무는 물론이고 유치권이나 세입자도 모두 채무로 봐야 한다. 건물이 완공되지 않은 상태라면 완공할 때까지 추가 자금이 필요하므로 이 또한 채무이다. 채무가 많은 건물의 소유주는 이미 재정 상태가 어려울 수 있으므로 낙찰자의 토지를 사고 싶어도 살 능력이 없는 경우가 있다.

또 토지 위의 건물이 불법 건축물일 경우, 대출이 되지 않기 때문에 건물주가 토지를 매입하지 못할 수도 있다는 사실을 알고 있어야 한다. 그렇게 되면 토지 낙찰자는 건물을 철거한 다음 토지만 매각하는 상황까지 갈 수 있는데, 땅을 아주 싸게 산 것이 아니라면 철거 비용이 추가로 들고 토지를 매각하는 데까지 시간도 많이 소요되므로 좋은 투자가 되기 어렵다.

만약 토지 위의 건물이 완공도가 낮다면 이 또한 건물주가 토지를 매입하는 데 의미가 없을 것이다. 이럴 때는 건물을 철거하고 토지를 매각하는 시나리오를 고려해야 하는데, 그러려면 일단 땅을 싸게 사야 하고, 추가되는 철거 비용까지 감안해서 입찰가를 산정해야 한다. 또 토지 위의 건물이 집합건물일 경우에 소유자가 여러 명이라면 건물주 간의 협의가 순조롭게 되지 않아 협상이 길어질 수 있다는 점 역시 고려해야 한다.

이처럼 법정지상권 물건에 투자할 때는 항상 건물주의 입장을 고려해야 하고, 건물주에게도 유리한 제안이 되어야 협상이 원활하게 진행된다는 사실을 명심해야 한다.

시나리오 2. 토지를 낙찰받고 건물을 매입한다

법정지상권 물건에서 토지를 낙찰받아 건물을 매입하는 방법은 시간이 오래 걸리지만 수익률 면에서는 최고의 투자라고 할 수 있다. 법정지상권을 취득하지 못하는 건물이 경매될 경우에 이 건물에 입찰할 사람은 토지주밖에 없다. 따라서 토지를 우선 낙찰받고 나중에 건물이 경매로 매각될 때 최저가에 입찰해서 낙찰받는다면 토지주는 건물까지 헐값에 매입하게 되므로 수익률이 높을 수밖에 없다.

하지만 이 경우 건물이 헐값에 낙찰되었으니 건물주의 손해는 실로 막심할 것이다. 따라서 건물주가 토지를 매입하기를 원한다면 가급적 토지를 건물주에게 매각하는 첫 번째 시나리오로 진행하는 것이 합리적이다. 다만 건물주가 토지를 매입하기를 원하지 않거나 매입할 능력이 도저히 안 되고, 협상조차 되지 않을 때는 이 두 번째 시나리오로 진행해도 무방하다.

다만 법정지상권 물건에서 토지를 먼저 낙찰받은 다음 나중에 건물을 경매로 낙찰받을 때, 건물이 준공검사를 받지 않은 미등기 건물이면 매입하기가 쉽지 않다는 사실을 알고 있어야 한다. 이런 건물을 경매로 낙찰받으면 법적인 절차를 거쳐 건축 허가권을 가져와야 하기 때문에 시간이 오래 걸린다.

또 토지 낙찰자가 경매로 건물을 매입하려고 경매 신청을 할 수도 있는데, 이때 건물에 채무가 많으면 경매 신청도 어려울 수 있다. 토지 낙찰자는 지료 명목으로 경매를 신청할 수 있지만, 앞선 채무가 너무 많아 경매로 매각해도 배당을 받기가 어렵다고 판단되면 경매 신청을 할 수 없다.

유치권이 있거나 대항력 있는 세입자가 있는 건물 또한 인수하기가 쉽지 않다. 건물을 인수하려면 유치권과 세입자까지 같이 인수하거나 이 문제를 해결해야 하는데, 그러려면 시간과 비용이 추가로 든다.

만약 건물에 채무가 많거나 고액의 채권자가 있다면 이 건물의 등기상 소유자는 사실 별 능력이 없고, 실질적인 소유자는 채권자나 유치권자라고 봐도 무방하다. 따라서 건물을 인수하려고 할 때는 이들과 협상을 진행해야 한다.

지금까지는 법정지상권이 성립되지 않는 건물이 있는 토지를 낙찰받아 해결하는 방법에 대해 설명했다. 그런데 만약 법정지상권이 성립되는 물건이라면 이때는 토지의 효용가치가 떨어지기 때문에 토지 낙찰가도 매우 낮아질 수밖에 없다.

만약 법정지상권이 성립되는 토지를 낙찰받았다면 토지주는 지상의 건물을 철거할 권한이 없고, 기껏해야 지료를 요구할 수 있을 뿐이다. 다만 토지를 감정가의 3분의 1 수준에서 아주 싸게 낙찰받는다면 지료 수익만으로도 썩 괜찮은 수익률을 기대할 수 있다.

예를 들어, 감정가 3억 원의 토지를 1억 원에 낙찰받아 지료를 받는다면 지료는 감정가의 약 3%(토지 감정가의 연 2~6%) 수준이므로 연 1,500만 원의 지료 수익을 기대할 수 있다. 실투자 금액은 1억 원이므로 연 15%의 수익률이 가능한 것이다. 실제로 법정지상권 강의를 들은 회원들 중에는 연 10% 대의 지료 수익만으로도 만족하는 경우가 있는데, 그럴 때는 법정지상권이 성립되는 물건에 투자하는 것도 충분히 괜찮은 투자다. 게다가 토지 가격은 시간이 지나면 상승하기 마련이므로 오래 보유하다 보면 지료 상승도 기대해볼 수 있다.

다만 지료 수익을 기대하고 투자한다면 토지 위의 건물이 가치가 있어야 한다. 만약 건물이 좋지 않고 건물주가 지료를 내지 않는다면, 이런 경우 장기적으로 건물을 철거하고 토지를 매각하는 다음의 시나리오로 가야 한다. 만약 건물주가 지료를 2년 동안 연체하면 토지주는 법정지상권 말소 청구를 할 수 있고, 지료를 명목으로 건물에 경매 신청도 할 수 있다. 하지만 이런 투자는 철거 판결을 받을 때까지 토지를 보유해야 하고, 철거 비용이 추가로 들 뿐 아니라 토지를 매각하는 데도 시간이 걸려서 자금이 오랫동안 묶인다는 사실을 염두에 두고 투자 계획을 세워야 한다.

시나리오 4. 토지를 낙찰받고 건물을 철거한 다음 토지를 매각한다

법정지상권이 성립되지 않는 지상 위의 건물이 있는데, 건물 자체가 낡고 허름해서 가치가 없다면 토지를 낙찰받아 건물을 철거하고 토지만 매각하는 시나리오로 투자할 수 있다. 물론 법정지상권 물건은 건물이 좋으면 철거할 일이 없고 대부분 협상이 되기 때문에 건물을 철거하는 경우는 그리 많지 않다. 실제로 건물이 가치가 있다면 시간이 오래 걸리더라도 언젠가는 협상이 되기 마련이다.

하지만 건물의 가치가 별로 없다면 투자자는 토지를 아주 싸게 낙찰받은 후 협의나 소송을 통해 건물을 사들이거나 철거해서 토지만 매각해서 수익을 낼 수도 있다. 건물의 가치가 없다면 설령 법정지상권이 성립되는 건물이라고 하더라도 토지를 낙찰받아 건물을 해결하는 것은 그리 큰 문제가 되지 않는다.

예를 들어, 감정가가 2억 원인 토지 위에 법정지상권이 성립되는 2,000만 원짜리 건물이 있다고 하자. 이때 토지주는 건물을 철거할 권한은 없지만 지료를 받을 수는 있다. 건물주 입장에서는 감정가 2억 원의 토지에 대한 지료는 해마다 약 1,000만 원을 지불해야 하는데 고작 2,000만 원짜리 건물을 가지고 그만한 지료를 내고 싶지는 않을 것이다. 따라서 토지주에게 건물을 싸게 매각하든 건물을 포기하든 어떤 식으로든 해결이 된다.

토지를 매각할 계획으로 이런 물건을 낙찰받는다면, 이때는 토지 자체의 가치를 잘 확인해야 한다. 대부분의 법정지상권 물건은 건물을 보고 토지에 투자하는 것이지만, 이 경우에는 오로지 토지 자체의 가치만을 보고 투자하는 것이기 때문이다.

이때는 토지의 형태나 용도 등 토지 자체의 가치가 높은 물건을 잘 골라서 투자해야 한다. 필요하다면 전문가에게 의뢰해 토지의 가치와 토지가 매각될 수 있는 정확한 가격을 미리 확인해야 한다. 또 장기적으로 지가 상승이 기대되는 토지에 투자해야 소요되는 기간만큼 만족스러운 수익을 얻을 수 있다는 사실도 유념해야 한다.

이러한 투자 유형에서 주의할 점은 건물을 철거해야 하므로 반드시 법정지상권이 성립되지 않는 물건에 투자해야 한다는 점이다. 만약 법정지상권이 성립되는 토지라면 2년을 기다렸다가 지료 명목으로 법정지상권 말소 청구를 해야 한다. 또 토지 위의 건물에 점유자나 소유자가 있다면 명도 비용과 철거 비용이 추가로 든다는 사실도 감안해야 한다. 결과적으로 토지를 매각하는 것이기 때문에 애초부터 토지를 아주 싼 가격에 낙찰받아야 만족스러운 수익을 기대할 수 있다.

법정지상권 투자에서 주의해야 할 것들

법정지상권 물건은 잘만 사면 고수익을 보장하는 매력적인 틈새시장이다. 하지만 물건의 투자 맥락을 제대로 파악하지 못한 채 그저 법정지상권 성립 여부만 보고 투자하면 협상이 어렵고 투자금까지 묶일 수 있다.

법정지상권에 투자할 때 특히 주의해야 할 사항들을 다음의 실패 사례를 통해 알아보자.

토지의 정확한 위치를 파악하라

법정지상권 물건은 결과적으로 토지를 매입하는 것이므로, 토지가 어느 지역에 위치하는지를 정확하게 확인해야 한다. 어찌 보면 너무나 당연한 말이지만, 지방의 토지를 찾아갈 때는 번지를 확인하기 어렵기 때문에 가끔 실수할 수 있다.

정읍의 공장 부지에 투자했을 때의 일이다. 법정지상권이 성립되지 않는 1억 원짜리 토지가 4,000만 원까지 떨어진 상태였다. 사진과 지적도를 통해 매각 대상이 되는 토지를 확인한 다음, 같이 투자를 했던 곽실장이라는 분이 임장을 다녀오기로 했다.

법정지상권 물건은 토지를 사는 것이지만, 주로 토지 위에 있는 건물의 가치를 보고 투자하는 것이므로 현장을 조사할 때는 토지 위의 건물이 얼마나 좋은지를 확인해야 한다. 건물주가 건물을 포기하지 않아야 하기 때문이다.

경매로 나온 물건은 새송이버섯 공장이 있는 정읍의 토지였는데, 곽실장이 현장에서 전화로 말하길, 공장이 매우 크고 잘 돌아간다고 했다. 그렇다면 투자해볼 만했다. 토지 위의 공장이 법정지상권이 성립되지 않기 때문에 토지를 절반 가격에 낙찰받는다면 공장주에게 적절한 가격에 매각할 수 있을 것 같았다. 다만 법정지상권 물건의 실질적인 경쟁자는 건물주(여기서는 공장주)이므로 대놓고 현장을 살피기가 애매해서 곽실장에게 차에서 내리지 말고 사진만 찍어오라고 일렀다.

다음 날 바로 입찰해서 이 토지를 낙찰받았다. 낙찰받고 현장에 가보니 듣던 대로 직원도 많고, 운영이 매우 잘되는 공장이었다. 토지를 싸게 낙찰받았으니 2,000만 원 정도의 수익을 내고 공장주에게 바로 매각할 수 있을 것 같았다. 흡족한 마음으로 공장을 둘러보고 있으려니 사장이 나와서 무슨 일로 오셨느냐고 물었다. 협상이 시작된 것이다.

"제가 여기 땅을 산 사람입니다."

나는 공손하게 말했다. 그런데 그는 내가 하는 말을 잘못 알아들은 것 같았다.

"이 땅은 우리 땅인데요."

"아, 예. 제가 이 땅을 경매로 샀습니다."

그러자 그는 생뚱맞은 표정을 지어보이더니, 건너편 공장을 가리켰다.

"혹시, 저기 저 공장 아닌가요?"

그 말을 듣자마자 나는 뭔가 잘못됐다는 생각이 들었다.

"제가 착각한 것 같습니다. 다시 확인하고 연락드리겠습니다."

우리는 서둘러 공장을 나와 부랴부랴 경매 정보지의 사진을 다시 확인해보았다. 감정평가서에 나온 사진을 자세히 보니 사장의 말이 맞았다. 불안한 마음으로 낙찰받은 실제 공장을 찾아갔다.

건물에 들어선 순간, 이건 아니라는 생각이 들었다. 공장은 이전 건물과 매우 비슷한데, 크기가 3분의 1밖에 되지 않았고 오가는 사람도 없는 한산한 공장이었다. 첫눈에 봐도 운영이 잘되지 않는다는 것을 알 수 있었다. 그렇다면 공장주는 낙찰받은 토지를 살 만한 여력이 안 될 것이다.

이처럼 지방의 토지를 임장할 때는 번지를 특정할 수 없어서 보통 인근에 도착해서 감정평가서의 사진을 보고 찾아가기 마련인데, 곽 실장이 임장한 날, 안개가 많이 끼어 있었던 데다 비슷한 새송이버섯 공장이 여러 개 있어서 실수를 한 것이다. 결국 이 건은 입찰 보증금 400만 원을 포기하는 선에서 마무리를 지었다.

경매투자에서 물건을 제대로 확인하는 것은 기본 중의 기본이다. 하지만 법정지상권 물건이 대부분 지방에 있는 토지이고, 토지의 정확한 지번을 확인하기가 쉽지 않기 때문에 법정지상권 물건에 투자하려고 한다면 현장을 확인할 때 좀 더 신중할 필요가 있다.

건물의 가치가 토지보다 훨씬 높아야 한다

나의 주력 분야가 법정지상권이다 보니 주변에서도 어깨 너머로 투자 방식을 보아두었다가 실전에 임하는 회원들이 종종 있다. 그중에는 법정지상권 투자의 핵심을 간파하고 같은 날 법원에서 같은 물건의 경쟁자로 만나게 되는 경우도 있다. 그렇지만 간혹 투자를 잘못해 손실을 보는 경우도 있는데 그들은 법정지상권 투자의 핵심을 파악하지 못한 채 무조건 법정지상권이 성립되지 않는 물건이라는 이유만으로 입찰하기 때문이다.

잘 아는 카페 회원이 어느 날 만나자는 연락을 해왔다. 법정지상권 물건을 낙찰받았는데 해결하기 어려워 조언을 구하고 싶다는 것이었다. 얘기인즉슨 돌 깎는 공장이 매각에서 제외된 채 토지가 경매로 나왔는데, 법정지상권이 성립되지 않아 입찰을 했다는 것이었다. 그런데 감정가 7,000만 원짜리 토지를 8,000만 원에 낙찰받았다고 했다.

법정지상권에 투자할 때 내가 누누이 강조하는 것은 애초에 토지를 싸게 낙찰받아야 협상의 여지가 있다는 것이다. 그래서 나는 대부분 토지가 절반 가격까지 떨어져야 입찰을 한다. 그런데 그는 낙찰받고 싶은 마음에 감정가보다 1,000만 원이나 비싼 금액에 입찰한 것이다. 아직 잔금을 치르지 않은 상태였지만, 건물주는 파산한 상태였고 공장을 임차해서 쓰고 있는 임차인 역시 토지를 살 만한 여력이 안 되는 것으로 파악되었다.

나는 우선 건물의 가치가 어느 정도 되는지 물어보았다. 건물의 가치가 상당하다면 토지를 다소 비싸게 낙찰받았다 하더라도 협상의 여지가 있을 것이다.

"공장의 가치는 5,000만 원 정도 되는 것 같습니다."

그는 조심스레 말했다. 그렇다면 토지보다 가치가 없는 건물이므로 건물주가 토지를 매입하기보다 건물을 포기할 가능성이 높았다. 나는 다시 물었다.

"그렇다면 공장을 철거하고 토지만 매각했을 때 8,000만 원은 받을 수 있을 것 같습니까?"

그는 잠시 고민하더니 그것도 어려울 것 같다고 했다.

법정지상권 물건에서 건물주가 제시한 금액에 토지를 매입할 수 없다면 토지주가 할 수 있는 것은 지료를 받는 것밖에 없다. 아니면 건물을 철거하고 토지를 매각할 수도 있으나 그렇게 되면 시간이 오래 걸리고 이 경우에는 수익도 없을 것으로 보였다. 한마디로 답이 없는 것이다.

"이 물건에 투자하려면 이번에는 입찰 보증금을 포기하고, 다음번에 최저가로 경매가 진행될 때 다시 입찰을 하는 게 낫겠습니다."

나는 그렇게 조언해줄 수밖에 없었다. 그는 결국 입찰 보증금 700만 원을 포기할 수밖에 없었다.

누누이 설명했듯이 법정지상권 물건에 투자할 때는 가분수가 되어야 한다. 즉, 토지 가격보다 건물의 가치가 훨씬 높아야 협상의 여지가 있다. 만약 건물의 가치가 8억 원이고 토지 감정가가 5억 원인 물건에 투자했다면 건물주는 건물의 가치가 토지보다 훨씬 높기 때문에 토지를 시세보다 높은 가격인 5억 5,000만 원에라도 매입해야 한다. 하지만 건물이 그만한 가치가 없다면 건물주는 토지를 비싸게 매입할 이유가 없다.

내가 주로 투자하는 방식은 법정지상권이 성립되지 않는 토지를 시세보다 싸게 매입해 차익을 남기고 건물주에게 매각하는 것이다. 그러려면 토지 낙찰자가 건물 철거 요청을 했을 때 건물주가 건물을 포기할 수 없을 만큼 건물의 가치가 좋아야 한다. 그럴 때 건물주는 능력만 된다면 어떻게든 토지를 매입하려고 할 것이다.

이처럼 법정지상권 물건에 투자할 때는 법정지상권이 성립되지 않는 물건이라고 해서 무조건 투자하는 것이 아니라 여러 가지 상황을 고려해서 충분히 건물주와 협상이 가능하다고 판단될 경우에 입찰해야 한다.

건물주가 토지를 살 만한 능력이 되는지를 확인하라

카페 회원 두 명이 경기도의 법정지상권 물건을 낙찰받고 해결하는 데 애를 먹어서 나를 찾아왔다. 이들은 늘 두 명이 팀을 이뤄 투자를 하는데, 상당히 공격적인 투자를 즐겨 했다.

이야기를 들어보니 감정가 5억 원짜리 토지를 5억 원 가까이에 매입해 건물주에게 8억 원에 매각하려고 하는데 협상이 잘되지 않는다고 했다. 토지 위에는 미완공된 빌라 2개 동이 있었다. 한 동에 각각 여덟 세대씩 배치된 빌라인데, 한 동은 거의 완공되었고 한 동은 아직 골조만

올린 상태였다.

문제는 이들이 토지를 너무 비싸게 낙찰받았다는 사실이다. 감정가에 가까운 가격에 토지를 낙찰받아서 건물주에게 무리한 금액으로 매각하려고 하니 협상이 잘될 리가 없었다. 게다가 건물에 빚도 많았고, 건물의 완공도가 떨어질 뿐 아니라 건물 소유자가 여럿이라 협상이 더욱 쉽지 않았다.

건물주 입장에서는 건물을 마무리하는 데 추가 비용이 들고 토지까지 매입해야 하니 투자 대비 수익이 나지 않는 것이다. 그렇게 되면 법정지상권이 성립되지 않아 토지주에게 아무리 막강한 권한이 있다 하더라도 해결책을 찾기가 어렵다. 건물주가 토지를 사고 싶어도 살 수가 없기 때문이다.

만약 이 토지를 시세 대비 절반 가격에만 매입했다면 토지주는 건물주와 협상이 되지 않더라도 별 문제가 없었을 것이다. 최악의 경우 법정지상권이 성립되지 않는 건물을 철거하고 토지를 매각해도 수익을 낼수 있기 때문이다. 하지만 이 경우에는 애초에 토지를 비싸게 샀기 때문에 다른 수가 보이지 않았다. 결국 5년이 지난 지금까지 해결을 못한 상태로 자금이 묶여 있다.

그들은 나와 투자를 같이 한 적이 몇 번 있는데, 법정지상권 물건은 토지만 낙찰받으면 무조건 건물주에게 매각할 수 있다고 너무 쉽게 생각한 것이다. 하지만 나는 법정지상권 물건에 투자할 때 섣불리 투자하지 않는다. 투자하기 전에 건축물대장과 등기부등본을 꼼꼼히 비교해가며 건물주가 내 토지를 살 만한 여력이 되는지, 합리적인 가격으로 토지를 매각해도 만족스러운 수익이 나는지를 두루 검토하고, 확신이 설 때만 입찰한다.

　법정지상권 물건에서 토지를 비싸게 낙찰받으면 건물주도 해결책이
없을 수 있다. 따라서 법정지상권 물건에 투자할 때는 반드시 건물주와
협상이 가능한 선에서 낙찰을 받아야 한다.

공정하고 합리적인 거래가 되어야 한다

얼마 전 물건을 검색하다가 소액으로 투자하기 좋은 법정지상권 물건을
발견했다. 6,000만 원의 가치가 있는 토지가 4,800만 원까지 떨어진 상
태였다. 지상에는 감정가 8,000만 원의 신축 단독주택이 있었다. 이 토
지를 매입하면 지상의 건물은 법정지상권이 성립되지 않기 때문에 철거
대상이 된다. 서류를 확인하니 건물의 소유자는 70세가 넘은 분으로 자
금력이 그리 넉넉해 보이지는 않았다.

　만일 이번에 최저가로 입찰한다면 세금을 포함하여 총 5,500만 원의
비용을 들여 토지를 매입할 수 있을 것이다. 토지의 가치는 6,000만 원
이므로 이 법정지상권 물건에 투자한다면 최소 1,000만 원의 수익은
내야 했다. 그렇다면 나는 토지를 7,500만 원에 매각해야 세금을 내고
1,000만 원의 단기 수익을 낼 수 있다. 법인으로 매입해 세금을 줄인다
고 해도 토지 가격으로 최소 6,500만 원은 받아야 한다. 결론적으로 시
세보다 비싸게 매각해야 수익이 나는 것이다.

　물건의 상태로 보아 낙찰받기만 하면 7,500만 원이든 8,000만 원이든
건물주에게 팔 수는 있는 상황이었다. 건물에 법정지상권이 성립되지
않으니 철거 대상이지만 건물 자체의 가치가 있으니 건물주는 어쩔 수
없이 낙찰자가 부르는 대로 토지를 매입해야 할 것이다.

잠시 고민해보았다. 입찰하면 단독 입찰로 낙찰받을 수는 있겠지만, 건물주 입장에서는 6,000만 원의 토지를 2,000만 원이나 더 주고 매입해야 하니 다소 억울한 심정이 될 것 같았다. 그렇다면 공정한 게임이 아니다. 결국 나는 이 물건에 입찰하지 않기로 했다.

며칠 후, 그 물건을 확인해보니 아무도 입찰하지 않아 유찰되었다. 다음번에는 추가로 20%가 더 떨어진 상태에서 경매가 진행될 것이므로 경쟁자가 많아 낙찰받기는 어려울 것 같았다.

나는 법정지상권 물건에 투자해서 토지를 매각할 때 전부 시세 이하로 매각했기 때문에 건물주도 별 불만 없이 협상에 응할 수 있었다. 아무리 투자라고 해도 토지주의 유리한 위치를 이용해 건물주에게 손해를 끼친다면 이는 바람직한 투자가 아니라는 것이 나의 철학이다.

경매투자를 하다 보면 협상을 잘못해서 명도소송을 하거나 사고파는 과정에서 지나치게 욕심을 부려 트러블을 일으키는 경우가 더러 있다. 법정지상권 강의를 하다 보면 간혹 수강생들 중에도 법정지상권이 성립되지 않는 물건을 무조건 낙찰받아서 비싸게 팔겠다는 사람들이 종종 보인다. 토지주가 시세보다 비싼 가격을 제시해도 건물주는 울며 겨자 먹기로 토지를 매입해야 한다는 사실을 알기 때문이다.

실제로 법정지상권 물건의 낙찰가를 확인해보면 이런 불공정한 거래가 될 수밖에 없는 가격에 낙찰되는 사례가 종종 있다. 심지어는 현재의 시세보다 터무니 없이 비싸게 토지를 매입하는 투자자들도 있다. 그렇게 되면 토지 낙찰자는 건물주에게 시세보다 비싼 가격을 제시해야 수익이 날 것이다. 법정지상권이 성립되지 않을 때 토지주의 권한은 막강하므로 1억 원짜리 토지를 1억 2,000만 원에 매각할 수도 있다. 건물주는 토지를 사지 않으면 토지 위의 건물을 철거해야 하기에 토지가 반드시 필요하기 때문이다. 하지만 시세보다 비싼 토지를 사야 한다면 심정적으로 받아들이기가 어려울 것이다. 당연히 거래가 원활하게 이루어질 수 없다. 하지만 1억 원 가치의 토지를 3,000만 원에 낙찰받는다면 어떨까? 건물주는 8,000만 원에 산다고 해도 시세보다 싸게 사는 것이기 때문에 큰 불만이 없을 것이다.

물론 대부분의 경우 법정지상권 물건은 건물주의 의도와 작업을 통해 토지만 매각에 나오는 것이므로 근본적인 책임은 건물주나 이해관계인에게 있는 것이 사실이다. 그럴지라도 투자자는 상대방의 상황을 고려하여 협상하는 자세가 필요하다.

나는 경매가 투자의 한 방법이기는 하지만 실전에 임할 때는 합리적인 마인드로 접근해야 한다고 강조한다. 게임에 임할 때 페어플레이를 하고 상거래를 할 때 공정거래를 하듯이 투자 또한 합리적인 선에서 진행해야 잡음이 없고 원활하게 진행된다.

법정지상권 물건도 이왕이면 관계된 사람들이 모두 납득할 만한 수준에서 수익을 낼 방법을 찾아야 한다. 그래야 협상이 잘되어 서로 만족스럽게 거래할 수 있기 때문이다.

| 호프의 대박 사례 |

공동 투자 한 건으로
1억 원 벌다

카페 특별회원들과 스터디 차원에서 공동으로 투자할 물건을 찾다가 좋은 물건이 눈에 띄었다. 아산의 토지가 매각에 나왔는데, 지상에는 완공된 지 얼마 안 된 5층짜리 건물이 있었다. 경매로 나온 토지는 감정가 6억 5,000만 원에 최저 입찰가는 4억 2,000만 원까지 떨어진 상태였다. 또 건물 감정가는 9억 원이고 최근에 준공을 낸 새 건물로 1, 2층은 상가이고 3~5층은 층마다 2개 호수의 아파트로 이뤄진 건물이었다. 이 물건을 발견하자마자 눈이 번쩍 뜨였고 마음이 바빠졌다. 토지만 낙찰받으면 충분히 협상이 가능하고 수익을 낼 수 있는 물건이었다.

우선 법정지상권의 성립 여부를 따져봤다. 민법상의 법정지상권에서 토지에 근저당을 설정한 다음 지상에 건물을 지은 후에 토지만 경매로 나올 경우, 지상의 건물은 법정지상권을 취득하지 못한다. 간단하게 말해서 토지에 저당권이 먼저 설정되었는지, 건물이 먼저 착공되었는지에 따라 법정지상권 성립 여부가 달라지는 것이다.

그런데 이 물건은 토지에 근저당 설정(2008년 7월)을 한 후에 건물이 신축(2008년 10월)되었으므로 법정지상권을 취득하지 못하는 것이다. 토지에 근저당 설정 당시 건물이 없었다는 사실은 건축물대장을 통해 확인할 수 있었다. 토지등기부와 건축물대장 그리고 위성사진을 거듭 확인하고 나자 가슴이 뛰기 시작했다.

바로 다음 날 현장에 가서 확인하니 로드뷰에서 본 대로 이제 완공된

새 건물이었다. 토지만 해결되면 건물은 당장이라도 임대와 분양이 가능한 상황이었다. 만일 토지를 낙찰받는다면 건물주는 반드시 토지를 매입할 것으로 보였다.

다만 건물의 권리 상태를 확인해보니 건물에도 채무가 상당히 많았다. 개인이 건물에 5억 원을 빌려주고 7억 5,000만 원의 근저당을 1순위로 설정해놓은 것이다. 그렇다면 이 건물의 실질적인 소유자는 건물의 명의자가 아닌 근저당권자라고 봐야 했다. 나는 토지를 낙찰받는다면 건물 소유자가 아닌 1순위 채권자와 만나 협상해야 할 것이라 판단했다.

건물에 채무가 많다는 사실이 조금 걸렸지만, 건물의 가치를 봤을 때 현재 가격에 매입하면 단기간에 투자금의 20%인 1억 원의 수익을 내고 매각 협상이 가능하다고 판단되었다. 곧 투자를 하기로 결정했고 스터디 회원들과 자금을 모아 회사 법인 이름으로 입찰했다.

입찰 당일, 법원에 도착해 직원을 대리인으로 들여보내고 나는 밖에서 결과를 기다렸다. 최저가에서 4,000만 원을 올려 4억 6,800만 원에 입찰하기로 했다. 얼마 후 직원이 나와 결과를 알려주었다. 단독 입찰이었다. 결과를 듣는 순간, 짜릿한 희열을 느꼈다. 다만 누군가 경쟁자가 있을 것으로 예상해 최저가에서 4,000만 원이나 올려 썼는데, 단독 입찰이라는 사실이 다소 아쉬웠다. 하지만 중요한 것은 좋은 물건을 싸게 낙찰받았다는 사실이다.

낙찰 후 바로 건물 관계자를 만났다. 협상이 시작된 것이다. 당시 건물 소유자는 시공회사였다. 건물 공사를 해주고 공사비를 받지 못하고 토지와 건물을 넘겨받은 것이다. 하지만 채무로 가득 찬 토지와 건물을 넘겨받았으니 공사업자로서는 회수할 것이 없는 억울한 상황이었다.

토지는 이제 낙찰이 되었고, 건물에도 5억 원의 채권이 선순위로 잡혀 있으며 몇 개의 가압류 채권이 있었다. 건물에 빚이 6억 원이 넘는 데다 토지가 이미 낙찰되었으니 건물은 힘을 쓸 수가 없다. 토지가 낙찰된 다음, 건물만 경매가 되면 이런 건물은 법정지상권이 성립되지 않아 누구도 입찰하지 않을 것이다. 그렇다면 이 건물의 등기상 소유자는 공사업자이지만, 실질적인 소유자는 건물 선순위에 5억 원의 저당권을 가지고 있는 채권자나 다름없었다.

그래도 우선 건물 소유자와 협상을 진행했다. 나는 건물 소유자(시공자)에게 내 토지를 매입할 것을 권했다. 토지를 매입하는 데 세금 포함 5억 원 정도가 들 것이므로 투자 금액의 20%인 1억 원을 더 받고 토지를 매각할 계획이었다. 시세가 6억 5,000만 원인 토지이니 건물주 입장에서 6억 원에 매입하는 것은 그리 큰 손해가 아니었다. 만약 나의 토지를 시세 내에서 매입하게 된다면 시공자 또한 그동안의 손실을 어느 정도 만회할 수 있게 되는 상황이었다. 나는 그에게 재기할 수 있는 방법을 알려주었다.

"우선 제가 낙찰받은 토지를 제3자 이름으로 매입하고 건물은 채무가 많은 상태이니 그냥 경매가 되도록 놔두세요. 그러면 현재 9억 원의 가치가 있는 건물이 1억 원까지 떨어져도 아무도 입찰하지 않을 겁니다. 이 건물에 법정지상권이 성립되지 않기 때문이지요. 그때 이 건물을 아주 싸게 낙찰받으면 사장님도 어느 정도 손실을 만회할 수 있을 겁니다."

나는 건물이 경매돼도 이 건물을 낙찰받을 수 있는 사람은 토지주밖에 없다는 사실을 누누이 강조했다. 하지만 안타깝게도 건물주는 해결의 힘이 없는 상태였다. 사연을 들어보니 그는 공사비를 못 받아 채무가 있는 건물을 넘겨받은 상태로, 현재 토지를 매입할 자금이 없었다. 이후 몇 번을 더 만나 토지를 매입하는 것이 본인이 재기할 마지막 기회라고 설득했지만, 공사업자는 나의 설명을 곧이곧대로 받아들이지 않는 것 같았고, 속절없이 시간만 흘러가고 있었다.

협상이 진전되지 않자 법정지상권 물건의 진행 절차를 훤히 꿰고 있는 나는 매우 안타까웠다. 어쨌든 토지주로서의 권리를 행사해야 하니 건물에 대한 가처분과 건물 철거소송을 진행했다. 이제 협상의 기회는 건물의 저당권자에게 넘어갔다. 얼마 후 저당권자에게 연락이 와서 바로 미팅을 했다. 저당권자는 만나자마자 건물을 철거할 수 없다고 했다.

"내가 변호사들을 만나서 확인해봤는데, 하나같이 건물을 철거하지 않아도 된다고 했습니다."

나는 잠자코 듣고만 있었다. 법정지상권 물건의 협상을 진행할 때 건물주들은 늘 그렇게 말한다. 나는 이야기를 다 듣고 나서 담담하게 물었다.

"혹시 조언을 구한 변호사들 중에 건물의 착공일자와 토지 저당권 일자를 물어본 사람이 한 사람이라도 있습니까?"

그는 아무 말도 없었다. 법정지상권 물건의 판례를 훤히 꿰고 있는 나와 달리 그들은 법정지상권에 대해 전혀 모르고 있었다. 그럴 때 내가 할 수 있는 일은 그들에게 소송에서 이길 수 없다는 사실을 이해시키는 것뿐이다. 그래야 협상이 진전되기 때문이다.

"이 건물의 법정지상권이 성립되는지 알아보려면 건물과 토지의 소유주가 누구인지 확인해야 하고, 건물의 공사 시작일자와 토지에 저당권이 설정된 시점이 언제인지를 확인해야 합니다. 그런데 그런 것도 묻지 않고 철거소송에서 이길 수 있다고 했다면 아마도 그들이 법리적인 검토를 아예 하지 않은 것 같습니다."

저당권자는 아무 말 없이 듣고만 있었다. 그러다 한숨을 푹 쉬었다.

"내가 이 건물 전 소유자에게 5억 원을 빌려주고 첫 달 이자만 받고 돈 한 푼 못 받았소. 나도 손해가 막심합니다. 그러지 말고 5억 원의 저당권을 당신이 인수하는 게 어떻겠소?"

선순위 저당권 5억 원을 인수한다는 말은 결국 건물을 5억 원에 인수하는 것이나 마찬가지였다. 나는 그의 제안을 거절했다.

사실 이 근저당권자는 매우 위험한 대출을 해준 것이다. 건물에 법정지상권이 성립되지 않기 때문에 이번에 토지가 낙찰되고 이후에 건물이 경매로 나온다면 건물의 실제 가치는 9억 원이라도 실제 낙찰가는 1억 원 이하로 떨어질 것이다. 법정지상권이 성립되지 않는 물건은 철거될 운명에 처해 있기 때문이다. 만일 이 건물이 경매로 나온다면 건물을 낙찰받을 사람은 오로지 토지주밖에 없다. 그렇게 되면 건물을 담보로 돈을 빌려준 1순위 채권자는 1억 원도 회수하기가 어려울 것이다.

내가 그의 제안을 계속 거절하자 그가 물었다.

"그럼, 내 저당권을 얼마 정도면 사겠소?"

"저는 선생님의 저당권을 2억 원 이상에는 인수할 생각이 없습니다."

그러자 저당권자가 어림도 없다는 표정을 지었다.

"나도 마찬가지요. 당신 토지를 사더라도 낙찰가에서 단 10원도 더 줄 생각이 없소."

당연한 반응이었다. 사실 나도 그의 저당권을 2억 원에 살 생각이 없었고, 저당권자가 그 가격에 팔 것이라고 기대하지도 않았다. 내 입장에서는 카페 회원들과 공동 투자를 한 것이기 때문에 토지를 매각하는 것이 훨씬 깔끔했다. 잠시 뜸을 들이다 그가 다시 물었다.

"대체 토지를 얼마에 팔 생각이오?"

이제 협상이 시작되었다. 나는 토지를 1억 원 정도 남기고 매각할 계획이었지만 나중에 조정될 것을 고려해서 7억 원을 제시했다. 저당권자는 웃기지도 않는다는 표정을 지었고, 이로써 협상은 결렬되었다. 이처럼 법정지상권 투자에서는 한 번에 협상이 끝나지 않는다. 상대가 법정지상권 물건의 권리관계를 파악할 시간이 필요하기 때문이다. 나는 저당권자가 사실 관계를 확인하고 연락해올 때까지 기다렸다. 이후 저당권자는 철거소장을 확보해서 검토했고 이길 수 없다는 사실을 이해하게 되었다.

그런데 협상이 오가는 시점에 예상치 못한 일이 벌어졌다. 다른 채권자가 경매 신청을 해 건물이 경매되기 시작한 것이다. 1순위 5억 원의 저당권자가 있지만 이 건물은 1억 원에도 팔리지 않는다. 당연히 건물은 토지주의 것이 된다. 하지만 5억 원의 저당권자가 그전에 분명 5억 원 정도에 건물을 낙찰받을 것이다. 예상대로 건물은 결국 저당권자의 소유인 것이고 나는 저당권자와 협상을 마무리지어야 할 것이다.

그러는 사이 철거소송 변론기일이 다가왔다. 이날 나는 법정에서 단 세 마디만 했다. 시간은 채 10분도 걸리지 않았다. 판사가 나에게 물었다.

"토지를 매각할 의사가 있습니까?"

나는 그렇다고 대답했다. 그러자 판사가 다시 물었다.

"그렇다면 건물을 매입할 의사가 있습니까?"

나는 그럴 의사가 없다고 했다. 그러자 이번에는 판사가 건물주에게 말했다.

"토지주가 건물을 매입할 의사는 없고 토지를 매각할 의사가 있다고 하니 건물주가 이 토지를 사는 것이 좋겠습니다."

그러자 건물주도 그러려고 한다고 대답했다. 하지만 건물주는 내 토지를 살 능력이 없었다. 다만 건물주와 저당권자가 서로 이해관계가 있어 연락이 되고 있는 상황이었고, 그동안의 협상 내용이 둘 사이에 공유된 것으로 보였다.

첫 변론을 마치고 나자 저당권자는 소송에서 진다는 것을 확실하게 이해하게 되었다. 곧 저당권자에게 전화가 와 담판을 짓자고 했다. 건물이 경매되고 있는 시점이었으므로 저당권자 입장에서도 되도록 빨리 결정을 지어야 했다.

"긴 말 필요 없고, 내 저당권을 3억이든 4억이든 당신이 가져가시오."

저당권자가 먼저 운을 뗐다.

"제가 3억 원에 저당권을 인수하면 3억 원에 건물을 인수하는 것이나 마찬가지니 저에게는 큰 수익이 됩니다. 하지만 사장님은 그 자리에서 2억 원을 손해보게 되는데, 그래도 괜찮습니까?"

나는 굳이 토지를 매각하려는 이유를 그에게 설명했다.

"만약 제가 건물을 인수한다면 임대를 주고 분양하는 일을 해야겠지요. 그럴 만한 가치가 충분히 있는 물건이니 해볼 만합니다. 그런데 이 물건은 서 혼자 투자한 것이 아니라 여러 사람이 같이 투자한 것입니다. 공동 투자를 한 것이라 가능한 한 단기간에 마무리 짓는 것이 좋겠다고 생각해서 사장님이 토지를 사라고 제안하는 것입니다. 건물의 가치는 9억원이지만 사장님께서 건물의 전 소유자에게 5억 원을 빌려주었으니 건물은 본인이 5억에 낙찰받고, 토지를 6억에 인수하면 됩니다. 6억 5,000만 원의 토지를 6억에 인수하는 것이니 사장님은 전혀 손해가 아니고 오히려 이익이라는 사실을 아셔야 합니다."

저당권자는 말없이 앉아 생각에 잠겼다. 이제 협상은 나의 결정에 달려 있는 것이나 마찬가지였다. 그리고 단 10분 만에 토지를 6억 원에 매각하기로 하고 협상이 끝났다. 좀 더 버티면 토지 가격을 더 받을 수도 있고 만일 1년을 더 버틴다면 토지를 매각하지 않고 건물을 1억 원 정도에 경매로 인수할 수도 있는 상황이었다. 하지만 처음부터 그럴 생각은 없었고 그렇게 투자한 적도 없었다. 처음 계획대로 20%의 수익만 남기면 매각하겠다는 생각을 갖고 협상에 임했다.

이후 저당권자는 건물을 낙찰받아 1층은 약국, 커피숍, 편의점으로 2층은 사무실로 세를 주고 3~5층의 아파트는 매각을 해서 손해보지 않고 괜찮은 수익을 낼 수 있었다. 사실 법정지상권이 성립되지 않는 건물에 사채를 빌려준 것은 매우 위험한 일이다. 본인이 토지를 매입하지 않았다면 큰 손실을 볼 수도 있는 상황이었지만 내 말을 믿고 토지를 매입한 덕에 위기를 넘기고 수익까지 낼 수 있게 된 것이다.

결론적으로 이 물건은 몇 번의 협상과 철거소송을 하는 과정에서 약 5억 원을 투자해 20%의 수익을 내고 매각하는 것으로 매듭을 지을 수 있었다. 법인으로 입찰해 양도세 대신 법인세를 내고 나니 약 1억 원의 수익이 남았다. 5억 원의 투자에서 1억 원의 수익이니 그리 높은 수익은 아니지만 스터디 차원으로 여러 명이 함께 투자한 것이고, 저당권자의 입장도 인도주의적으로 고려해야 했기 때문에 적정선에서 잘 마무리한 건으로 기억된다.

수 익 률 표 ─────────

- 감정가 : 6억 5,000만 원
- 낙찰가 : 4억 6,800만 원
- 세금 포함 총 비용 : 약 4억 9,000만 원

* 6억 원에 매각해 법인세를 제하고 약 1억 원의 수익 발생.

상가 건물이 있는 토지에
투자해 5,000만 원 벌다

법정지상권이 성립되지 않는 건물은 토지가 있어야 제 기능을 할 수 있다. 따라서 건물이 충분히 가치가 있다면 낙찰받은 토지를 건물주에게 매각하는 것은 그리 어려운 일이 아니다.

한번은 완공된 지 얼마 되지 않은 상가 건물이 있는 토지가 경매로 나왔다. 감정가 5억 원인 토지가 3억 2,000만 원까지 유찰되었고 지상에는 이제 막 완공하여 임대와 분양 현수막을 건 8억 원짜리 4층 상가 건물이 있었다. 토지와 구건물을 공동담보로 은행에서 대출을 받고 구건물을 철거하고 현재의 건물을 신축한 물건으로, 이 상태에서 토지만 경매로 나오면 지상의 건물은 법정지상권을 취득하지 못하게 된다.

상가는 감정가 8억 원에 이제 완공을 해서 입주가 가능한 상태였고, 건물의 등기부등본을 확인하니 건물에는 빚이 없었다. 만약 이 토지를 낙찰받아 건물주에게 매각한다면 건물주는 토지와 건물을 담보로 대출을 받을 수 있기 때문에 내 토지를 매입할 경제적인 여력은 충분하다고 판단되었다.

이처럼 법정지상권 물건에 투자할 때 건물주가 토지를 매입하기를 원해도 자금이 없으면 협의가 어렵고 시간이 오래 걸리기 때문에 건물 등기부등본상의 채무 상태를 잘 파악해두어야 한다. 법정지상권 투자 물건의 좋고 나쁨을 판단할 때 이는 매우 중요한 부분이다.

나는 바로 현장을 확인하러 갔다. 사실 법정지상권 물건에 투자할 때 나는 건물을 대놓고 살펴보지 않는다. 건물주를 만나거나 건물에 들어가보지 않고, 그저 멀리서 지나치듯 건물 상태를 확인할 뿐이다. 투자자 입장에서 법정지상권 물건의 가장 강력한 경쟁자는 건물주이기 때문이다.

건물주는 토지를 낙찰받아야 건물과 토지의 소유권을 온전하게 주장할 수 있기 때문에 토지가 반드시 필요한 사람이다. 사실 토지가 경매로 나오면 건물주는 시세대로라도 토지를 낙찰받아야 한다. 하지만 대부분의 건물주는 토지를 더 싸게 매입하려고 최저가까지 떨어질 때까지 기다린다. 그들은 법정지상권에 대해 잘 모르고, 건물이 있는데 누가 토지만 낙찰받겠느냐는 안일한 생각으로 기다리다 투자자들과의 경쟁에서 지고 마는 것이다.

현장 조사 결과, 이 건물은 새로 완공된 건물이었고 빚도 없었기 때문에 3억 9,000만 원에 입찰하기로 했다. 결과적으로 3명이 입찰해서 내가 낙찰받았다. 건물주도 입찰을 했으나 입찰가에서 나와 2,000만 원이 차이 났다. 낙찰을 받고 나서 바로 건물주와 협상을 시작했으나 두 번의 미팅이 별 성과 없이 끝났다.

나는 잔금기일에 잔금을 납부하고 건물 철거 및 토지 인도소송을 진행했다. 소장이 송달되고 나니 건물의 공사업자라는 사람에게서 연락이 왔다. 얘기를 들어보니 건물을 공사하고 공사비를 받지 못해서 건물의 소유권을 자신이 가져와야 하는 상황이라고 했다. 물론 건물의 소유권을 가져오려면 건물주에게 얼마 정도의 대금을 지불해야 할 것이다.

공사업자는 건물이 법정지상권을 취득하지 못한다는 사실을 알고 있었고, 소송으로 가면 이길 수 없다는 것도 확인한 상태였다. 하지만 그는 토지만 매입하면 되는 게 아니라 건물의 소유권까지 가져와야 하기 때문에 자금이 부족했다. 토지를 매입해야 대출을 받을 수 있고, 당장 자금 유동성을 확보해야 하기 때문에 토지를 매입해야 한다는 사실은 인지하고 있었다. 그러나 토지 매매금액을 낮추기 위해 시간을 끌고 있는 것으로 보였다. 공사업자와도 몇 번의 미팅을 가졌고, 철거소송의 변론기일이 다가오고 있었기 때문에 공사업자도 마음이 급한 상태였다.

결국 몇 번의 미팅 끝에 5,000만 원의 수익을 내고 토지를 매각하기로 합의했다. 투자 대비 수익이 그리 좋은 편은 아니었지만, 상대의 형편을 고려해 그 정도 선에서 마무리 짓기로 했다.

이 물건을 보자마자 입찰하기로 결정한 것은 건물이 신축 건물로 이제 막 완공하고 분양과 임대 현수막을 걸어놓았기 때문이다. 비록 지방이라 상권이 약하긴 했지만, 그래도 순천 터미널 옆에 위치해 있었고 평수를 볼 때 건물은 감정가대로 8억 원 정도의 가치가 충분히 있었다. 무엇보다 좋은 점은 건물에 빚이 없었다는 사실이었다.

결국 법정지상권 물건에서 건물이 가치가 있다면 건물주는 토지가 있어야 제 기능을 할 수 있으므로 토지를 매각하는 것은 그리 어려운 일이 아니다. 단지 기다리고 협상하는 데 시간이 걸릴 뿐이다. 덩치에 비해 큰 수익은 아니었지만 이 정도면 만족할 만한 수익이라고 생각한다.

수 익 률 표

* **감정가 : 5억 원**
* **낙찰가 : 3억 9,000만 원**
* 4억 4,000만 원에 매각하여 6개월 만에 5,000만 원의 수익 발생.

200만 원으로
단기간에 1,500만 원 벌다

법정지상권 물건에 투자하면 가끔은 입찰 잔금도 납부하지 않은 상태에서 협상이 끝나 단기간에 원하는 수익을 얻게 되는 경우도 있다.

천안의 답(畓) 370평이 경매로 나왔을 때의 일이다. 감정가 1억 2,800만원의 답이 2,100만 원까지 유찰되었다. 지목(地目)은 답이지만 바닥에 콘크리트 포장을 하고 가건물을 지어 견사(犬飼)로 사용하고 있었다. 감정이 좀 비싸게 되긴 했지만, 시세보다는 싸게 유찰되었기 때문에 관심이 갔다.

지상의 가건물을 건축한 사람은 임차인으로 토지와 건물의 소유가 동일하지 않아 법정지상권을 취득하기 어려웠다. 농지인 데다 지상에 매각에서 제외된 견사가 있으니 누구도 관심을 갖지 않을 법정지상권 물건이었다. 하지만 나는 이러한 물건에 입찰해서 늘 좋은 수익을 내왔고 이번에도 일찌감치 이 물건을 눈여겨보고 있었다.

이 물건의 경우는 설령 법정지상권이 성립된다 해도 건물주가 토지주에게 토지 감정가의 연 4%(약 512만 원)를 지료로 지불하기보다는 차라리 토지를 매입하는 게 더 나아보였다. 또 건물주가 운영하고 있는 견사가 상당히 크고 키우는 가축 수가 많아 쉽게 이사를 가기도 어려워 보였다. 그렇다면 토지를 낙찰받을 경우 건물 임차인이 토지를 매입할 가능성이 매우 높았다.

그런데 입찰을 계획하던 중 한 가지 변수가 생겼다. 다른 법원 물건과 입찰일자가 겹친 것이다. 어떻게 할지 고민하다가 다른 물건이 더 규모가 크고 좋은 물건이라 이 건을 포기하기로 했다. 그런데 당일 아침에 생각하니 포기하기가 너무 아까웠다. 고민 끝에 여러 번 같이 투자한 적이 있는 한 카페 회원에게 연락했다. 사정을 설명하고 투자 의사를 물으니 흔쾌히 투자하겠다고 해 2분의 1씩 공동 투자하기로 했다.

통화를 마치자마자 회원은 바로 천안 법원으로 출발했다. 너무 급하게 결정을 한 터라 입찰 마감시간을 맞추기 어려울 수도 있겠다고 생각했는데, 다행히 5분을 남겨놓고 입찰서를 제출할 수 있었다.

우리는 지난번 최저가격인 3,100만 원에서 260만 원을 더 올려 3,360만 원에 입찰하기로 했다. 누군가 지난번 가격만큼 올려서 입찰하는 투자자가 있을 수 있다는 생각에서였다. 놀랍게도 이 물건에 입찰한 사람이 열 명이나 되었다. 결과는 100만 원 차이로 우리가 낙찰받았다. 다른 법원에서 내가 직접 입찰한 물건은 아깝게 2등으로 떨어졌다. 나는 낙찰 소식을 듣고 바로 천안으로 달려가 농지취득자격증명 신청을 하고 곧바로 회원과 함께 낙찰받은 현장으로 이동했다.

견사로 사용 중인 현장을 다시 보니 건물주에게 토지를 매각하는 것은 충분히 가능해 보였다. 건물의 크기가 작지 않고 임차인이 거주하고 있었기 때문이다. 단지 임차인이 토지를 매입할 자금이 있는지가 관건이었다. 마침 현장에서 임차인의 가족을 만났고 1시간 후에 임차인을 만나 얘기를 나눌 수 있었다.

이제 협상의 시작이었다. 나는 이 토지 위에 있는 견사의 법정지상권 성립 여부에 대해 설명하고 토지주의 권한에 대해서도 언급했다. 어느 정도 이해가 되자 임차인이 물었다.

"토지를 팔면 감정가대로 다 받을 생각이신가요?"

나는 아니라고 했다.

"싸게 샀으니 적절한 수익만 나면 바로 매각할 생각입니다. 만일 우리가 잔금을 납부하기 전에 선생님께서 계약을 하고 잔금을 납부하신다면 더 싸게 매각할 생각도 있습니다."

우리는 그다음 주에 다시 만나 협의하기로 하고 헤어졌다. 그리고 두 번째 만났을 때 단 10분 만에 협의가 되었고, 며칠 후 법무사 사무실에서 잔금을 받고 소유권 이전을 해주는 것으로 마무리가 되었다.

이 물건은 3,360만 원에 낙찰받아 단기간에 1,500만 원의 수익을 내고 마무리되었다. 하지만 낙찰 잔금을 우리가 내지 않고 실제로는 입찰 계약금만 납부한 상태였기 때문에 200만 원을 투자해 1,500만 원의 수익을 낸 셈이었다.

함께 투자한 회원 또한 단기간에 만족스러운 수익을 얻었을 뿐 아니라 투자 과정을 함께하면서 법정지상권 물건의 효과적인 투자 방식을 배울 수 있게 되었다. 나는 회원에게 이렇게 일러두었다.

"이번 건은 단기간에 잘 마무리가 되었지만, 늘 이렇게 수월하게 협상이 진행되는 것은 아닙니다. 그러니 법정지상권에 직접 투자할 때는 잔금을 직접 납부해야 한다는 마음으로 자금 계획을 세우는 것이 안전합니다."

투자 경험에 비추어봤을 때 법정지상권 물건의 협상 과정에서 잔금을 납부하기도 전에 거래가 마무리되는 경우는 10번에 1번 정도에 불과했다. 어쨌든 건물 임차인의 입장에서도 감정가 1억 2,000만 원의 토지를 반값 이하로 매입했으니 서로가 만족스러운 거래였다.

- 감정가 : 1억 2,000만 원
- 최저 입찰가 : 2,100만 원
- 낙찰가 : 3,360만 원
- 매각 : 잔금 납부하기 전에 건물주에게 1,500만 원의 수익을 내고 매각.

* 입찰 계약금 200만 원을 투자해 세금 등의 비용을 제하고 한 달 만에
  약 1,500만 원의 차익을 내고 매각하였음.

CHAPTER 5

유치권
아는 만큼 보이는
유치권 물건

유치권이라는 흠이 있기에 틈새가 된다

강의를 하다 보면 처음 경매를 배우는 분들이 종종 이런 질문을 한다.

"선생님은 고수니까 유치권이나 법정지상권 물건 같은 특수물건에 투자해도 되지만, 저희 같은 초보자들이 그런 물건에 투자하는 건 위험하지 않을까요?"

경매라는 낯선 분야에 입문한 지 얼마 되지도 않았는데, 일반물건도 아니고 특수물건에 투자해야 한다고 하니 선뜻 내키지 않는 것이다. 경매 초보자 입장에서 법정지상권이나 유치권 신고가 되어 있는 물건을 꺼리는 것은 어찌 보면 당연하다. 수익률을 조금 올리려고 하다가 자본금을 잃는 위험을 감수할 수는 없기 때문이다.

하지만 내가 투자하는 물건은 말이 특수물건이지, 사실은 다 일반경매 물건이나 다름없다. 다만 경매 시장에는 아파트나 빌라 같은 일반물건만 있는 것이 아니고, 권리관계에 따라 접근 방법을 달리 해야 하는 다양한 물건들이 존재한다. 이런 물건들은 일반물건보다 권리관계가 다소 복잡해 보이고 확인해야 할 사항이 많다는 차이는 있지만, 경매의 과정이나 절차에는 전혀 차이가 없다. 이러한 특수물건에 대해 이해하고 있으면 좀 더 다양한 방식의 투자가 가능하기 때문에 미리부터 겁먹고서 투자에 한계를 두지 않는 것이 좋다.

유치권 또한 마찬가지다. 경매로 나온 물건에 유치권 신고가 되어 있으면 초보 투자자들은 지레 겁을 먹고 포기하려고 한다. 하지만 유치권도 내막을 잘 살펴보면 그리 위험하지 않은 것들이 있으므로, 유치권 신고가 되어 있다고 해서 그냥 물러설 필요는 없다.

일단, 유치권이 무엇인지부터 알아보자. 유치권이란, 타인의 물건을 점유하는 자가 그 물건에 관하여 생긴 채권을 변제 받기까지 그 물건을 유치할 수 있는 권리를 말한다. 쉽게 말해, 건물을 지은 공사업자가 건물 주인으로부터 공사대금을 받지 못했을 때 공사대금을 다 받을 때까지 건물에 점유하면서 비워주지 않아도 되는 권리를 말한다.

유치권이 인정되면 낙찰자가 공사대금을 떠안아야 하기 때문에 투자자 입장에서는 주의해야 한다. 하지만 유치권이 인정되지 않으면 유치권 때문에 유찰된 가격만큼 온전한 수익으로 돌아올 수 있으니 이것이 바로 틈새시장이 아니겠는가.

나도 처음에는 일반물건으로 경매를 시작했지만, 특수물건의 매력을 알고 나서는 더 이상 일반물건에 관심을 갖지 않게 되었다. 오히려 권리관계가 복잡하거나 유치권과 같은 위험 요소가 있는(사실은 위험하지 않지만 위험해 보이는) 물건에 관심을 갖게 된 것이다. 이러한 물건은 조금만 수고하면 그 수고를 상쇄하고도 남는 충분한 수익을 얻을 수 있다.

경매가 지금보다 일반화되지 않았을 때는 굳이 특수물건까지 공부하지 않아도 괜찮은 수익을 낼 수 있었다. 하지만 지금처럼 경매가 재테크의 하나로 인식되는 시대에는 아무래도 남들보다 한 발 앞서 틈새시장을 개척해야 만족할 만한 수익률을 얻을 수 있다. 그런 의미에서 유치권이 신고되어 있는 물건은 유치권이라는 함정 때문에 관심을 갖는 사람이 많지 않으니, 나 같은 전문 투자자에게는 절대 놓칠 수 없는 틈새시장인 셈이다.

유치권이 틈새가 될 수 있는 두 가지 이유

한번은 강의 중에 내가 유치권이 신고된 상가를 낙찰받았다고 하니, 어떤 분이 이렇게 물었다.

"선생님은 원래 법정지상권 물건에만 투자하지 않으셨나요?"

평소에 법정지상권 물건을 강조하던 내가 유치권 물건을 낙찰받았다고 하니 적잖이 놀란 모양이었다. 하지만 나의 투자 종목은 어느 한 분야에 국한되지 않는다. 내가 주로 법정지상권 물건이나 유치권 상가 등을 강조해서 그렇지 실제 투자할 때는 특정 물건만 고집하지 않는다. 심지어 아파트 물건도 여전히 검색하고 있다. 다만 경매는 아무리 좋은 물건을 발견했다고 해도 낙찰받지 않으면 아무 소용이 없기 때문에 낙찰받을 확률이 높은 물건을 주로 찾다 보니 특수물건에 관심을 더 갖게 된 것뿐이다.

전문 투자자에게 유치권 물건이 매력적인 이유는 두 가지가 있다. 일단 먼저 일반물건에 비해 상대적으로 싸게 낙찰받을 수 있기 때문이다. 유치권이라는 단서가 붙기 때문에 좋은 입지의 1층 상가가 임대가 이하로 유찰되고, 서울의 괜찮은 빌라가 절반 가격으로 떨어질 수 있는 것이다.

초보 투자자들은 유치권 물건에는 아예 관심을 갖지 않거나 유치권

금액을 책임질 수 있을 만큼 낮은 가격에만 입찰한다. 물론 투자 경험이 많은 고수들도 유치권 물건에 입찰할 때는 절대 금액을 높게 쓰지 않는다. 흠이 있어 보이는 물건에 관심을 갖는 것은 싸게 낙찰받겠다는 의도인데, 굳이 비싸게 입찰할 이유가 없기 때문이다. 나부터도 유치권 물건에는 절대 비싸게 입찰하지 않는다. 유치권이 있는 물건에 입찰하는 것은 어느 정도 위험을 감수하고 투자를 하겠다는 것이므로 문제를 해결하고 났을 때 그만큼 만족스러운 수익이 나와야 투자한 보람이 있으니 말이다.

유치권 물건이 틈새가 될 수 있는 두 번째 이유는, 유치권이 실상은 해당 물건에 대한 진입장벽만 높일 뿐 인정되지 않는 경우가 상당히 많기 때문이다. 유치권 물건에 투자하다 보니 실제 유치권 항목에 해당하는 진짜 유치권이 신고된 경우도 많지만, 여러 가지 이해관계에 의해 허위로 신고된 유치권도 상당히 많다는 것을 알게 되었다.

따라서 유치권 물건을 조사할 때는 유치권이 신고된 상황 자체만을 생각해서 까다롭게 치부하기보다는 그 유치권이 과연 인정될 수 있는 것인지를 꼼꼼히 따져볼 필요가 있다. 그러다 보면 가짜 유치권이 있다는 사실이 종종 확인되고, 그중에서 투자가치가 있는 물건을 발견할 수 있을 것이다.

또 진짜 유치권이라고 하더라도 법적으로 인정받으려면 갖춰야 할 조건이 있는데, 이를 충족하지 못하는 유치권이 의외로 많다. 따라서 유치권이 성립되지 않는 이유를 명백하게 밝힐 수 있다면 유치권 물건은 일반 투자자들이 생각하는 것처럼 그렇게 위험한 물건이 아니다.

만약 유치권이 신고된 물건 중에서 실제로는 유치권이 성립되지 않는 물건을 발견했다면 이런 물건은 보석이 될 가능성이 높다. 유치권이라는 딱지가 붙어 있어 입찰 경쟁률이 낮고, 일반물건보다 저렴하게 낙찰받을 수 있으니 상대적으로 수익이 높기 때문이다.

유치권이 성립되기 위한 조건들

유치권이 성립되려면 여러 가지 조건이 갖춰져야 한다. 우선, 유치권을 주장하는 자가 해당 건물에 실제 공사 내역으로 신고한 유치권이어야 한다. 유치권자는 적절한 시점부터 직접 혹은 간접으로 해당 물건을 점유하고 있어야 하며, 만약 점유를 하지 않은 상태에서 점유를 시작하려면 해당 물건 소유자의 동의를 얻어야 한다.

유치권 물건을 검토하다 보면 실제로는 이러한 조건을 충족하지 못하면서 무턱대고 유치권을 주장하는 유치권자들이 의외로 많았다. 이러한 허점을 간파하고, 실상은 유치권이 성립되지 않는다는 사실을 입증할 수만 있다면 유치권 물건은 좋은 틈새시장이 될 수 있다.

유치권이 성립되기 위해서 갖춰져야 할 다음에 조건에 대해서 좀 더 자세히 살펴보자.

유치권자가 점유를 하고 있어야 한다

투자자가 유치권 물건에 투자할 때 애매한 것은 경매 물건에 대한 법원 기록에 유치권 신고가 되어 있다는 사실만 기록되고, 정확한 내막은 알 수 없기 때문이다. 따라서 누가, 어떤 이유로 해당 물건에 유치권 신고를 했는지 알아보려면 실제 투자자가 철저한 탐문 조사를 통해 사실 관계를 알아내고 유추할 수밖에 없다.

특히 유치권 물건 분석에서 가장 중요한 것은 유치권자가 해당 물건을 점유하고 있느냐 하는 부분이다. 유치권자는 유치권 신고를 하게 되면 해당 물건을 남들이 가져가거나 접근하지 못하도록 관리하는데, 이를 '점유'라고 한다. 유치권자는 해당 물건에 팻말을 달고, 거주를 하고, 자물쇠로 잠그는 방식으로 점유를 행사한다. 다만, 유치권자가 직접 점유를 하지 않더라도 상식적인 선에서 사실상 점유하고 있다고 판단된다면 이때는 유치권이 인정된다.

예를 들어 유치권자가 직접 점유하지 않더라도 유치권자의 회사 직원이나 가족이 대신 점유하는 것이 가능하다. 심지어 용역 전문업체를 통해 점유하는 것도 가능하다. 따라서 유치권이 신고된 물건에 투자하려면 해당 물건을 유치권자가 직접 혹은 간접으로 점유하고 있는지를 먼저 확인해보아야 한다.

아파트나 상가는 점유 여부가 비교적 명확하게 드러나는 편이다. 하지만 전원주택과 같은 일반주택의 경우 출입문이 여러 개 있을 수 있고, 점유 공간도 다양해서 유치권자가 점유를 하고 있는지 판단하기 애매한 경우가 있으므로 투자할 때 특히 주의해야 한다.

건물 소유자의 동의 없는 불법 점유는 인정되지 않는다

만약 유치권자가 해당 물건을 점유하고 있다 하더라도 소유자의 동의 없이 불법으로 점유하고 있다면 유치권이 인정되지 않는다. 물론 공사업자가 건물 소유주와 계약한 공사를 마치고 공사대금을 받지 못해 그대로 점유를 유지하면서 유치권을 주장할 수도 있다. 하지만 보통은 공사업자가 건물을 다 짓고 나서 소유자가 분양을 하는 과정에서 부도가 나 경매가 진행되는 경우가 많다. 그럴 때 공사업자는 소유자에게 공사 대금을 받지 못한 것을 이유로 해당 건물을 점유하고 유치권 신고를 하게 되는데, 이때는 반드시 소유자의 동의를 얻어야 한다.

사실상 유치권 신고가 되어 있다는 것은 유치권자가 소유자의 동의를 얻어 해당 물건을 점유하고 있다는 것을 의미한다. 그런데 때로 현장을 조사하는 과정에서 유치권자와 소유자 사이에 다툼이 있어 유치권자가 소유자의 동의를 얻지 않고 불법으로 점유하고 있는 경우가 있다. 또 유치권자가 소유자의 동의 없이 해당 물건을 다른 사람에게 임대하고 있는 경우도 있다.

이처럼 유치권자가 소유자의 동의 없이 불법으로 점유하고 있는 것이 입증된다면 이때는 유치권이 성립되지 않는다. 물론 이런 경우가 실제로 많지는 않지만, 현장 조사에서 불법 점유가 확인된다면 이러한 유치권은 인정되지 않는다고 보고 투자를 진행하면 된다.

경매 개시 결정 이전부터 점유하고 있어야 한다

법원은 유치권자가 점유를 하고 있으면 유치권을 공시한 것으로 인정하기 때문에, 유치권자는 반드시 해당 건물을 점유하고 있어야 한다. 그런데 단순히 점유만 하고 있으면 되는 것이 아니라 점유를 시작한 시점도 따져봐야 한다. 유치권이 성립되려면 유치권자가 경매 개시 결정 이전(공매는 공매 기입 등기 이전)부터 점유를 하고 있어야 한다. 보통 경매 개시 결정은 경매 입찰이 시작되기 6개월 전에 내려진다. 따라서 유치권자는 확실하게 유치권을 주장하려면 경매 개시 결정 이전에 이미 점유를 하고 있어야 하고, 그 증거를 제시할 수 있어야 한다.

그런데 대부분의 유치권자들이 경매 개시 결정 시점에는 점유를 하고 있지 않다가 경매가 진행되고 몇 번 유찰된 후에야 점유를 시작하기 때문에 투자자 입장에서는 점유 시점을 명확하게 밝힐 수 있다면 유치권 인정 여부를 쉽게 간파할 수 있다.

유치권자가 경매 개시 결정 이전부터 점유를 했는지를 알아보려면 물건명세서나 감정평가서를 확인하는 것이 도움이 된다. 경매가 시작되면 법원과 감정평가회사에서 해당 물건을 조사하고 대부분 한 달 이내에 물건명세서와 감정평가서를 작성한다. 유치권자가 이때부터 점유를 하고 있었다면 물건명세서와 감정평가서에 유치권 내용이 기록되어 있을 가능성이 크다. 그런데 이런 내용이 전혀 기록되어 있지 않다가 매각 절차가 진행되는 중간에 유치권자가 점유를 하고 유치권 신고를 했다면 이러한 유치권은 사실상 인정되지 않을 가능성이 높다. 명도소송을 하더라도 경매 개시 결정 이전부터 점유했다는 사실을 입증해야 하는 책임은 유치권자에게 있으므로 사실이 아니라면 입증하기가 쉽지 않을 것이다.

해당 건물의 실제 공사비에 대한 채권이어야 한다

유치권이 성립되려면 유치권자가 주장하는 유치권이 해당 물건의 실제 공사비에 대한 채권이어야 한다.

몇 년 전, 강남대학교 앞의 8층 상가가 경매로 나온 적이 있었다. 감정가 1억 2,000만 원의 상가가 3,800만 원까지 떨어진 공매 물건이었는데 유치권 신고가 되어 있었다. 지은 지 얼마 되지 않은 상가 건물인데, 건물주가 이 물건을 담보로 대출을 받고 세금을 제때 내지 않아 공매로 나온 것이었다.

현장 답사를 해보니 앞으로 상권으로 개발될 가능성이 매우 커 보였다. 주변 환경을 둘러본 후 건물 1층 상가에 들러 이 건물에 신고된 유치권에 대해 알아보았다. 그 결과, 경매로 나온 건물에 신고된 유치권이 해당 건물 공사비에 대한 것이 아니었다. 건물 주인이 상가 건물 두 동을 연달아 지었는데, 경매로 나온 A동은 분양이 잘되었고, 맞은편에 있는 B동이 분양이 잘 안 됐는데, B동의 공사업자들이 공사비 대신 A동의 건물 몇 개 호수를 점유하고 있다는 것이었다. 이 말을 듣자마자 나는 이 건물의 유치권이 성립되지 않는다는 사실을 알았다.

공사업자가 공사비를 받지 못해서 유치권 신고를 하려면 해당 건물의 실제 공사비에 대한 유치권이어야 한다. 그런데 경매 정보지에 기록된 내용은 맞은편 건물에 대한 공사비 유치권이었던 것이다. 나는 이 유치권이 성립되지 않는다는 사실을 알고 나서 바로 입찰을 결심했고, 결국 이 상가를 낙찰받아 점유자를 내보낸 다음 임대를 놓을 수 있었다.

이처럼 유치권 물건이라도 내막을 잘 살펴보면 권리상 아무 하자가 없는 물건이 있는데, 일반 투자자들은 단순히 '유치권'이라는 단어만 보고 이러한 물건을 거들떠보지도 않는 경우가 많다. 조금만 관심을 갖고 현장을 조사하다 보면 유치권이 신고된 내막에 대해 필요한 정보를 얻을 수 있으니 유치권 물건이라고 무조건 꺼릴 일은 아니다.

공사 내역이 타당한지 따져봐야 한다

유치권자가 해당 물건을 공사한 것이 맞다면, 그다음에는 무슨 공사를 했는지를 따져봐야 한다. 유치권이 인정될 수 있는 공사에는 크게 두 가지가 있는데, 하나는 원 건물을 짓는 데 들어간 건축 공사비이고, 다른 하나는 건물을 유지, 보수하는 데 들어간 비용인 필요비와 유익비(물건의 가치를 증가시키는 데 드는 비용)이다.

건물 골조 공사 등을 하는 데 들어간 건축 공사비는 보통 지은 지 3년 이내의 건물에 해당될 경우에 유치권 성립의 가능성이 있다. 이는 공사비 유치권이 3년 동안만 유효하기 때문이다. 3년 이내의 공사비 유치권이라면 공사업체는 유치권을 주장할 수 있다.

만약 현장을 확인했을 때 지은 지 얼마 되지 않은 건물일 경우라면 실제 공사비를 받지 못해서 공사업체가 신고한 유치권일 확률이 높으므로 주의해야 한다. 특히 소형 빌라의 경우, 공사 도중이나 분양 시점에 부도가 나는 경우가 많다. 따라서 신축 건물의 유치권은 실제 공사비 유치권일 가능성이 높다는 점을 알고 접근해야 한다. 그런데 지은 지 5년이 넘은 아파트나 빌라가 건물 공사비 명목으로 유치권 신고가 되어 있다면 어떨까? 이런 경우에 유치권은 가짜일 가능성을 염두에 두고 물건 분석을 해볼 필요가 있다.

이처럼 유치권 신고가 되었다고 하더라도 실제 유치권이 성립되기 위해서는 충족해야 할 조건이 그리 만만치 않다. 유치권자는 유치권을 인정받기 위해서 이런 조건을 전부 충족하고 있어야 하고, 필요할 경우에는 증거를 제시해서 입증해야 한다. 반면, 투자자는 이러한 조건 중에 단 한 가지라도 성립되지 않는 증거가 있다면 유치권소송에서 우위에 설 수 있다. 따라서 유치권이 인정되지 않는 명확한 사실 관계를 입증할 수 있다면 사실상 유치권 물건의 투자는 그리 어려운 것이 아니다.

속이 뻔히 보이는 가짜 유치권들

초보자 입장에서는 유치권이라는 딱지가 붙으면 그 자체로 위험하다는 선입견이 있다. 재차 강조하지만 맥락만 잘 파악하면 그리 어렵지 않게 유치권을 이해할 수 있다. 물론 투자자 입장에서는 경매 정보만 가지고 유치권을 파악하기가 애매한 부분이 많다. 하지만 투자 경험이 쌓이다 보면 볼 것도 없이 유치권이 인정될 수 없는 속이 뻔히 보이는 가짜 유치권이 자주 보일 것이다. 이러한 물건은 비록 유치권 신고가 되었다고 하더라도 투자하는 데 그리 문제되지 않고, 은행도 이러한 물건에는 대출을 해주는 입장이다. 위험해 보이지만 실은 위험하지 않은 물건인 셈이다.

아파트 소유자가 내건 가짜 유치권

아파트에 신고된 유치권 중에는 아파트 소유자가 공사업자를 내세워 신고한 가짜 유치권이 있을 수 있다.

우리 카페의 한 회원이 보증을 잘못 서서 본인 소유의 아파트가 경매로 넘어간 적이 있었다. 채무가 많은 상태에서 경매가 진행되었는데, 아파트를 그대로 소유하려면 빚을 갚는 것 외에는 방법이 없었다. 하지만 빚을 갚을 능력이 되었다면 애초에 아파트가 경매로 매각되지도 않았을 것이다. 부모와 형제들은 아파트가 경매로 넘어가는 줄도 모르고 있었고, 이 회원 또한 아파트가 경매되면 당장 거리로 나앉을 상황이었다. 그는 어떻게 해서든 이 아파트를 자신이 낙찰받아야 했다.

물론 경매로 낙찰받으려면 낙찰가를 최대한 높게 쓰면 되겠지만, 채무를 갚을 능력도 안 되는 사람이 그만한 자금이 있을 리 없었다. 그래서 그는 마지막 수단으로 아파트에 유치권 신고를 했다. 법원에 유치권 신고를 한 것은 물론이고, 살고 있는 아파트에도 유치권 점유 중이라는 현수막을 크게 내걸었다. 이웃들 눈에 띄면 조금 창피한 일이긴 하지만 다른 투자자들의 입찰을 막으려면 그 방법밖에 없었던 것이다.

그는 현수막에 전화번호를 적어놓고 경매 물건에 관심 있는 사람들이 전화를 걸어오면 아파트 내부 공사비로 8,000만 원을 들였는데, 아직 공사비를 받지 못해 자신이 점유 중이라고 말했다.

물론 이 회원이 실제로 8,000만 원을 들여 아파트 내부 공사를 한 것은 맞지만 공사비는 이미 다 지급한 상태였고, 그가 실제 공사업자도 아니었기에 유치권은 성립될 수 없었다.

만약 누군가 이 아파트를 낙찰받아서 소송까지 가게 된다면 볼 것도 없이 지는 게임이었다. 하지만 웬만한 투자자들이라면 이 아파트에 8,000만 원의 유치권 신고가 되어 있고, 공사업자가 직접 아파트를 점유하고 있다는 정보만으로도 투자하기를 꺼릴 것이다. 가능성이 희박하기는 하지만, 만약 유치권이 인정된다면 아파트를 비교적 싸게 낙찰받았다 하더라도 유치권자에게 8,000만 원을 물어주어야 하기 때문이다.

그는 결국 이러한 노력 끝에 본인이 아파트를 낙찰받을 수 있었다. 그런데 입찰 당일, 이 아파트에 입찰한 사람이 자그마치 12명이나 되었다고 한다. 이 회원이 유치권 신고를 했는데도, 이 아파트의 유치권이 가짜라는 사실을 간파한 투자자가 12명이나 되었던 것이다. 만약 적극적으로 유치권 신고를 하지 않았다면 보나마나 다른 사람의 소유가 되었을 것이다. 이처럼 자신이 소유한 부동산이 경매로 매각될 때, 소유자가 취할 수 있는 가장 대표적인 방법이 바로 유치권 신고이다. 소유자는 낙찰자에게 일부의 금액이라도 받아내겠다는 생각으로 유치권 신고를 한다. 또 유치권 신고를 통해 다른 사람이 섣불리 이 물건에 입찰하지 못하도록 해서 자신이 직접 혹은 타인의 명의로 그 물건을 다시 사들이려는 목적으로 유치권 신고를 하는 경우도 있다. 그러니 투자자 입장에서는 관심 물건에 설정되어 있는 유치권이 어떤 맥락에서 신고된 것인지를 파악하고, 가짜 유치권이라는 확신이 들면 투자해도 무방하다.

상가 임차인이 주장하는 가짜 유치권

몇 년 전에 강의실로 사용할 물건을 찾던 중 마침 실수요에 적당하면서 가격도 많이 유찰된 상가를 발견했다. 감정가 12억 원에 4억 원까지 떨어진 서울 강남 번화가의 물건이었다.

서울 강남의 상가가 이렇게까지 떨어지는 경우는 드문데, 아무래도 지하에 위치한 상가라서 가격이 떨어진 것 같았다. 하지만 강남구 대치동 최고 상권의 백화점 바로 옆 건물의 지하 40평 상가라면 나중에 임대를 준다고 해도 전혀 문제될 게 없어 보였다. 물론 지방의 상가라면 번화한 곳이라도 지하에 위치한 상가는 조심해야 하지만, 서울 강남의 교통 요지에 있는 상가라면 크게 문제될 게 없다고 판단되었다.

이 물건의 가격이 많이 떨어지는 데는 유치권 신고가 있다는 것도 작용했다. 유치권이라는 하자 때문에 이 물건을 꺼리는 투자자들도 있겠지만, 나 같은 투자자에게는 상가 건물에 신고된 유치권이 매우 반갑다. 함정처럼 보이는 유치권이 있기 때문에 매력적인 수준으로 가격이 떨어졌고, 오히려 나의 이목을 끌었으니까 말이다.

이 물건 역시 마찬가지였다. 해당 물건에는 1억 원 정도의 유치권이 신고되어 있었는데, 내용을 보는 순간 유치권이 인정될 가능성이 5%도 되지 않는다는 판단이 섰다. 그때부터 나는 동물적인 감각을 가지고 이 물건의 유치권이 인정될 수 있는지를 하나하나 타진해 나갔다.

우선 유치권 신고자가 점유하고 있을 가능성을 따져보았다. 지하의 상가를 스크린골프장으로 사용하고 있으므로 유치권 신고자가 점유하고 있을 가능성은 거의 없었다.

그렇다면 어떤 내역의 유치권일까? 이미 준공된 지 10년이 넘은 건물이기에 공사비 명목의 유치권일 가능성은 없었다. 상가 건물에 다른 공사를 했을 리는 없다. 그렇다면 이 유치권은 스크린골프장의 인테리어 비용으로 신고됐을 것이다. 만약 인테리어 명목의 유치권이라면 낙찰 후 명도소송을 하게 되더라도 유치권 신고자들이 공사한 사실을 스스로 입증해야 한다. 게다가 상가 유치권에서 임차인이 자신의 필요에 의해 사용한 공사비는 유치권으로 인정되지 않는다.

이렇게 하나하나 조목조목 따져보면 이 물건의 유치권이 인정될 가능성이 거의 없다는 사실을 간파할 수 있다. 여러 정황을 파악해 유치권이 인정되지 않는다는 사실을 확인했다면 단지 유치권 신고가 되었다는 이유로 투자를 망설이는 일은 없게 된다.

이렇듯 유치권은 잘만 확인하면 오히려 투자자에게 좋은 기회가 될 수 있다. 다른 경쟁자를 따돌릴 수 있고, 유치권이라는 위험 요소 때문에 낙찰가도 낮아지기 때문이다. 이런 이유로 경매 물건의 소유자나 세입자가 거짓으로 유치권 신고를 하면 채권자인 은행은 낙찰가가 떨어지고 채권 확보에 어려움을 겪을 수 있기 때문에 유치권 배제 신청서를 법원에 제출하기도 한다. 초보자 입장에서는 채권자의 유치권 배제 신청서가 반갑겠지만, 나 같은 틈새물건 투자자에게는 그러한 서류가 차라리 없는 게 더 낫다. 유치권이 인정될 수 없는, 속이 뻔히 보이는 가짜 유치권들쯤이야 별 수고 없이도 충분히 확인할 수 있기 때문이다.

유치권 신고된 상가에서 확인해야 할 것들

유치권 물건을 검토하다 보면 종종 세입자들이 유치권 신고를 하는 경우가 있다. 그러나 당사자 사이에 유치권을 배제하는 특약이 있을 경우, 즉 임대차 계약서에 원상 복구 조항이 있을 경우에는 세입자의 유치권은 인정되지 않는다. 원상 복구 조항이란, 임차인이 건물에 세를 들면서 기타 비용을 들였다고 하더라도 이 부분에 대한 유치권을 주장하지 않겠다는 의미의 조항이다(일반적인 임대차 계약서에는 원상 복구 조항이 기본으로 명기되어 있다).

설사 원상 복구 조항이 없다 하더라도 세입자가 자기 필요에 의해 설치한 시설물에 대해서는 유치권이 인정되지 않는다. 예를 들어, 상가 건물의 세입자가 점포를 운영하기 위해 인테리어를 하고 상가가 경매로 매각되자 유치권을 주장한다면 이러한 유치권은 인정되지 않는다. 이는 건물을 유지하고 보수하기 위해서 들인 비용이 아니라 세입자가 자기 필요에 의해 쓴 비용이기 때문이다.

실제 투자를 해보면 상가에 신고된 유치권은 대부분 임차인이 인테리어 명목으로 신고한 경우가 많다. 예를 들어, 번화가의 음식점이 경매로 나왔는데 음식점 주인이 영업을 하기 위해 내부 시설 공사를 했다면 이 명목의 유치권은 인정되지 않는다. 도심의 커피숍이 내부 인테리어 비용 목적으로 유치권을 신고했다면 이 역시 인정되지 않는다. 이는 임차인이 자신의 필요에 의해 공사를 한 것이지 건물을 유지, 보수하는 데 들인 비용이 아니기 때문이다.

다만, 임차인이 아니라 실제 인테리어를 해주고 공사비를 받지 못한 인테리어 업자가 상가의 유치권을 주장한다면 얘기가 달라진다. 즉, 임차인이 인테리어 명목으로 신고한 유치권은 인정되지 않지만, 인테리어 업자가 공사비를 받지 못해 신고한 유치권은 성립될 수 있다는 것이다. 하지만 이 경우에는 인테리어 업자가 상가를 점유하고 있어야 하는데, 점유 조건을 충족시키지 않고 있다면 이 역시 유치권이 성립되지 않는다. 특히 해당 상가가 영업 중이라면 인테리어 업자의 유치권이 성립될 가능성은 더욱 낮아진다. 영업 중인 상가를 인테리어 업자가 점유하고 있을 가능성은 거의 없기 때문이다.

앞에서 소개한 관평동 상가 사례(P. 134를 참고하라) 역시도 전기 공사 업자가 공사대금을 받지 못해서 유치권 신고를 한 것은 맞지만 현장 확인 결과, 공사업자가 상가를 점유하고 있지 않았고 공사업자와 매개 관계(임대차 관계나 하청업체 관계 등 법적으로 인정받을 수 있는 연관 관계)가 없는 다른 업종의 임차인이 영업을 하고 있었기 때문에 유치권이 인정되기 어려웠다.

이처럼 경매로 나온 상가는 대부분 유치권 신고가 되어 있지만, 하나하나 따져보면 실제로 유치권이 성립되지 않은 경우가 많아서 잘 살펴볼 필요가 있다. 물론 해당 물건의 유치권이 어떤 내막에서 신고된 것인지를 파악하려면 경매 사이트에서 제공하는 경매 정보만으로는 부족하다. 하지만 이 또한 조금만 발품을 팔면 사실 관계를 파악하기가 그리 어렵지 않다. 꼼꼼하게 따져보고 유치권이 인정되지 않는 물건 중에서 투자가치가 높은 물건을 고를 수 있다면 유치권이 걸려 있는 물건이라도 충분히 좋은 투자가 될 수 있다.

유치권 신고된 아파트에서 확인해야 할 것들

아파트도 상가와 마찬가지로 임대차 계약서에 원상 복구 조항이 있다면 세입자의 유치권을 인정받기 어렵다. 다만 아파트 세입자가 유치권을 주장하는 경우, 세입자는 이미 점유 조건을 충족시키고 있으므로 공사 내역이 무엇인지에 따라 유치권이 인정될 수 있는 여지가 있다.

특히 세입자가 주장하는 유치권에서 건물을 유지, 보수하는 데 들어간 비용은 유치권이 인정될 수 있다. 건물을 유지 보수하는 데 들어간 비용이라는 것은 건물에 꼭 필요한 공사를 한 경우(필요비)나 건물을 객관적으로 유익하게 하는 데 들어간 비용(유익비)을 말한다.

예를 들어, 아파트에 금이 가서 물이 새거나 주택의 전기가 합선돼 이를 세입자가 자기 돈으로 수리를 했다면, 이는 건물을 유지, 보수하는 데 들어간 필요비에 해당하므로 유치권이 인정될 수 있다. 다만, 필요비는 금액이 그리 크지 않기 때문에 유치권이 인정되더라도 투자자 입장에서 큰 부담이 되지는 않는다.

이외에 건물을 객관적으로 유익하게 하는 데 사용된 비용인 유익비도 유치권이 인정된다. 아파트의 경우 베란다를 확장하거나 섀시를 설치하는 비용 등이 유익비에 해당된다. 다만 통상적으로 세입자가 자기 집도 아니고 세를 살면서 베란다 확장 공사 같은 큰 공사를 하는 경우는 흔치 않기 때문에 이 또한 해당되는 경우는 많지 않다.

이처럼 빌라나 아파트에서 세입자가 필요비, 유익비 외에 유치권을 주장할 만한 항목이 거의 없으므로 실제로는 아파트에 신고된 유치권 또한 인정되는 사례가 많지 않다. 따라서 유치권 신고가 된 아파트에 투자할 경우에는 유치권 신고를 누가 한 것인지, 어떤 공사 내역으로 한 것인지를 잘 따져보고 투자한다면 의외의 보석을 찾을 가능성이 높다.

애매한 유치권은 피하라

유치권 물건에 투자할 때 반드시 유념해야 할 것이 있다. 바로 유치권의 특성상 투자자가 경매에서 낙찰받기 전까지는 유치권의 성립 여부를 100% 확신할 수는 없다는 사실이다. 따라서 유치권의 진위 여부를 확신할 수 없는 애매한 물건에는 투자하지 않는 것이 현명하다. 유치권이 위험해 보여서 고수익을 주는 틈새시장이기는 하지만, 그렇다고 진짜 위험을 감수하면서까지 투자할 필요는 없기 때문이다.

유치권 물건을 검토할 때 아파트나 상가 같은 집합건물은 유치권의 진위 여부를 판단하기가 비교적 수월한 편이다. 특히 아파트와 같은 집합건물은 대부분 지은 지 3년이 지나고 소유자가 몇 번 바뀐 다음에 경매로 나오기 때문에 원래 건설업체의 공사비 명목으로 유치권이 신고되는 경우는 거의 없다. 그렇다면 대개는 임차인이 주장하는 유치권이라고 볼 수 있는데, 임차인은 점유를 하고 있으니 유치권 항목만 추가로 잘 따져보면 유치권이 성립하는지 파악할 수 있다.

반면 전원주택 같은 일반 건축물은 유치권 성립 조건을 확인하기가 애매한 경우가 많다. 우선 유치권자가 점유하고 있는지 알아볼 때, 아파트는 출입문이 하나이므로 유치권자가 아파트의 일부 공간을 소유자나 임차인과 같이 점유하고 있을 가능성이 거의 없다. 반면 전원주택은 출입문이 여러 개 있을 수 있고, 별채 등에서 따로 점유할 수도 있기 때문에 유치권자의 점유 여부를 확인하기가 애매한 측면이 있다.

실제 공사한 근거를 따질 때도 아파트나 상가는 어떤 공사를 했는지 비교적 명확하게 확인할 수 있지만, 일반 건축물은 어떤 공사에 대한 유치권인지 파악하기가 쉽지 않다. 아파트는 공동주택관리규약이 있기 때문에 소유자라고 하더라도 자기 집을 마음대로 수리하기가 어렵다. 반면 일반주택은 이런 면에서 비교적 자유로운 편이다. 전원주택에 창고나 별채를 지을 수도 있고 연못을 파거나 심지어 바닥에 콘크리트를 까는 것도 유치권이 인정된다. 따라서 투자자 입장에서 유치권자가 주장하는 공사 내역에 대해 반박하기가 어렵다.

유치권이 있는 물건에 투자를 하더라도 무턱대고 위험을 감수하는 게 아니라 확실히 이길 수 있는 물건에만 투자해야 한다. 따라서 전원주택과 같은 일반 건축물은 아파트나 상가와 같은 집합건물에 비해 유치권 인정 여부를 확인하기가 애매하므로 투자할 때 각별히 주의해야 한다. 만약 유치권 성립 여부가 애매하고 문제를 해결할 수 있다는 확신이 들지 않는다면 이런 물건에는 아예 투자를 하지 않는 것이 안전하다.

입찰 전 미리 근거 자료를 확보하라

유치권 물건에 투자할 때는 낙찰받고 나서 유치권자와 어떤 식으로든 한판 승부가 필요하다는 것을 감안해야 한다. 만약 소송을 하게 된다면 소송에서 이길 수 있는 명확한 증거를 확보하는 것이 최우선이다. 이를 위해 입찰 전 현장을 확인하고 사진 촬영이나 녹취 등 유치권 소송을 대비해 유리한 자료를 확보해야 한다.

또 유치권신고서, 경매 감정평가서나 물건명세서의 유치권 사항을 확인하고, 경매 물건 관계자나 채권자들을 통해 다각도로 자료를 확보해야 한다. 이때 유치권의 핵심인 '점유는 하고 있는지', '점유를 하고 있다면 누가 하고 있는지', '언제부터 점유를 시작했는지', '공사한 내용과 신고한 내용이 일치하는지' 등에 대한 사전 조사가 이뤄져야 한다.

특히 낙찰 후에는 전 소유자와 유치권 신고자들의 방어 행동으로 증거를 얻기가 쉽지 않지만 낙찰 전에는 증거 확보가 상대적으로 쉬운 편이므로 반드시 입찰 전에 이러한 사실 관계를 확인해야 한다. 또 가격이 싸다고 무조건 입찰하지 말고, 이러한 사실 확인을 통해 유치권이 인정되기 어렵다는 확신이 들 경우에만 입찰하도록 한다.

물론 투자자 입장에서 이러한 사실을 정확하게 조사하는 것이 쉬운 일은 아니다. 하지만 이해관계가 얽힌 여러 사람을 만나 이야기를 들어보면 어느 정도 정황을 파악할 수 있고, 유치권이 진짜인지 가짜인지도 분별할 수 있게 된다.

만약 소송이 진행된다고 하더라도 미리 확보한 자료가 있다면 투자자는 시작부터 유치권을 깨뜨릴 수 있는 확실한 증거를 가지고 임하기 때문에 매우 유리한 위치에서 소송을 진행할 수 있다.

이렇듯 유치권 물건은 아는 만큼 보이는 것이고, 보이는 만큼 대응할 수 있다. 유치권 물건에 투자할 때는 사실 관계를 입증할 수 있고, 소송으로 가더라도 이길 수 있다는 확신이 들 때에만 투자하는 것이 바람직하다.

서울의 빌라를
반값에 낙찰받다

카페 회원 중에 철저한 현장 조사를 통해 유치권이 성립되지 않는 빌라를 반값에 낙찰받은 사례가 있어 소개한다. 이 회원은 경매를 전업으로 하고 있는 40대 남성이다. 그는 휴직 중에 공부 삼아 경매투자를 시작했다가 경매의 가능성을 보고서 전문 투자자의 길로 들어섰다. 그가 유치권과 관련해 투자한 이 물건은 낙찰받고 나서 처음으로 명도소송까지 진행했던 터라 더 각별하게 기억에 남는다고 했다.

그 물건은 서울 동작구에 있는 감정가 1억 8,000만 원짜리 빌라였다. 이것이 경매로 나왔는데 유치권 때문에 4회나 유찰되어 7,370만 원까지 떨어진 상태였다. 당시 경매투자 초보였던 이 회원은 이 물건을 계기로 해서 유치권에 대해 더 공부를 하게 되었다고 한다.

4번이나 유찰되어 가격이 많이 낮아진 상태이기 때문에, 그는 물건을 발견하자마자 바로 현장 조사를 나갔다. 당시 빌라는 완공 상태이기는 했지만 공사자재와 쓰레기가 여기저기 널려 있는 것으로 보아 공사를 마친 지는 얼마 되지 않은 듯했다고 한다. 마침 현장에서 유치권 신고자를 만나 이야기를 나눴는데, 그는 자신이 시공자라고 하면서 17세대에 시건장치(잠금장치)를 설치한 후 그중 한 곳에서 숙식을 하며 점유하고 있다고 했다. 완공된 지 얼마 되지 않은 데다 시공자인 유치권자가 점유 중이라면 이 물건은 사실상 유치권이 인정될 수밖에 없는 물건이라 판단되어 거의 포기하고 그는 집으로 돌아왔다.

그런데 유치권에 대해서 좀 더 깊이 공부해보니 그는 그 유치권자의 말을 곧이곧대로 믿을 수는 없다는 생각이 들기 시작했다. 그래서 자세한 정황을 알아보기 위해서 대출해준 채권자 은행을 찾아갔다. 은행에서 사건에 관한 정보와 관련 서류를 받아보니, 유치권자라 주장하는 사람은 이 물건의 실질적 소유자였다. 실질적인 소유자라면 다른 투자자들을 따돌리고 자신이 이 물건을 낙찰받기 위해서 허위로 유치권을 신고했을 가능성이 높았다.

미심쩍은 부분이 있어서 이 회원은 다시 현장을 방문했다. 이번에는 빌라의 한 세대를 방문하여 세입자와 이야기를 나눴다. 세입자는 나중에 자기가 이 집을 싸게 살 요량으로 임대로 살고 있다고 했다. 그러면 세입자가 건물의 등기상 소유자와 정식 임대차 계약을 한 것이 아니라는 생각이 들었다.

그는 유치권 물건의 특성상 내막을 정확하게는 알 수 없지만, 정황상 유치권이 인정되지 않을 것 같아 입찰해보기로 했다. 입찰 당일, 법원에 가보니 유치권 신고자도 역시 와 있었다. 예상했던 대로 자신이 싸게 낙찰받기 위해서 유치권 신고를 한 것이었다. 같은 물건에 입찰해 나란히 법원에 서 있는데, 기분이 참 묘했다고 한다. 드디어 입찰 결과가 발표되었고, 이 회원이 낙찰을 받아 소유권 이전을 했다.

명도는 어떻게 되었을까? 그는 유치권 신고자를 만나서 협상을 진행했다. 그는 어차피 소송을 해봤자 유치권 신고자가 이길 수 없다고 설득했고, 또 소송을 진행하는 동안 소송비는 물론 점유 기간 동안 추가되는 월세까지 유치권 신고자가 물어야 하니 오히려 손해라는 사실을 인지시켰다고 한다. 2,000만 원을 줄 테니 집을 비워 달라고 요구했지만, 유치권자는 도저히 납득이 안 되는 금액을 제시하면서 합의를 요구했다. 그는 그렇게 할 수 없어 인도명령신청을 했다. 하지만 유치권이 있어서 기각되고 말았다. 결국 명도소송으로 갔다. 곧 변호사를 선임하여 소송을 진행했다.

그러나 이 회원이 막상 소송에 들어가니, 승소를 장담할 수 없는 상황이 되었다. 은행에서 확인해준 실질적 소유자라는 사실은 그 실체가 애매하고, 세 들어 살고 있던 세입자 역시도 자신은 유치권 보조 점유자라고 말을 바꾸었다.

유치권 물건에 투자할 때는 미리 사실 관계를 파악한 후 필요한 증거들을 수집해두어야 하는데, 투자자 입장에서 이는 현실적으로 쉽지 않은 일이다. 이해관계인이 아니다 보니, 입찰 전에 유치권의 진위 여부를 파악하기가 어렵고, 투자 여부를 결정하지도 않은 상태에서 처음부터 비용을 들여가며 완벽하게 조사를 한다는 것이 말처럼 쉽지 않기 때문이다. 그러다 보니 이 회원은 사실 관계를 입증할 증거가 부족해 이대로 가다간 패소할 수도 있겠다는 위기감이 들었다고 한다. 결국 백방으로 뛰어다녀 증거를 수집하고, 은신 중이던 채무자 겸 건물 소유자를 겨우겨우 만나 사실을 확인하고 난 다음에야 승소할 수 있었다.

이 물건은 낙찰받은 다음 명도소송을 거쳐 세입자를 이사 보내는 데까지 약 1년의 시간이 소요되기는 했지만, 유치권이라는 함정이 있었기 때문에 서울 동작구에 있는 빌라를 시세보다 훨씬 저렴한 가격에 매입할 수 있었다. 소송 비용과 집수리 비용으로 약 3,000만 원을 들여 보유하다가 2년 후 2억 원에 매도해 세전 수입 7,000만 원을 확보할 수 있었다고 한다.

- 감정가 : 1억 8,000만 원
- 낙찰가 : 약 9,000만 원
- 소송 비용과 집 수리 비용 : 3,000만 원

* 2년 동안 보유하다 2억 원에 매도해 세전 수입 7,000만 원 확보.

이처럼 유치권 물건에 투자하는 것은 쉬울 수도, 어려울 수도 있다. 결국 노력한 만큼 결과가 나온다고 할 수 있다. 이 회원이 유치권 물건에 투자할 수 있었던 것은 단순히 현장 조사를 한 번으로 끝낸 것이 아니라 미심쩍은 부분을 그냥 넘기지 않고 다방면에 걸쳐 집요하게 조사를 했고, 그 과정에서 유치권이 인정될 수 없다는 감을 잡았기 때문이다.

다만 투자자 입장에서는 입찰 전에 유치권의 진위 여부를 완벽하게 파악하기가 쉽지 않다. 그럴 때는 의문 사항이 풀릴 때까지 다각도로 조사를 진행하면서 유치권의 내막을 파헤쳐야 하고, 가능한 한 증거자료를 확보하고 있어야 나중에 소송까지 진행하더라도 사실 관계를 입증하기가 쉽다.

하지만 유치권 물건에 관심을 가지고 여러 번 투자하다 보면 유치권이 성립되지 않는 경우를 단번에 가려낼 수 있게 된다. 따라서 결국, 유치권 물건은 많은 경험을 통해 사건의 핵심을 빠르게 파악하는 능력을 기르는 것이 관건이라고 할 수 있다.

유치권 신고된 상가를
2억 싸게 낙찰받다

최근 임대수익을 기대하고 상가 물건에 관심을 갖는 투자자가 부쩍 늘었다. 그런데 요즘 경매로 나오는 상가 물건에는 어김없이 유치권 신고가 되어 있다. 그러다 보니 상가에 투자하고자 할 때 유치권 성립 여부를 파악하는 것이 매우 중요한 부분이 되었다.

경매로 나온 상가에 유치권 신고를 하는 사람은 대부분 상가 임차인이다. 간혹 건물 소유주가 제3자를 내세워 유치권 신고를 하는 경우도 있다. 그런데 상가 물건은 특성상 유치권이 성립되는 일은 그리 많지 않고, 만약 유치권이 인정된다고 하더라도 실제 인정되는 금액은 그리 많지 않으므로 꼼꼼히 따져보고 투자한다면 만족할 만한 수익을 낼 수 있다.

유치권이 신고된 대전의 상가를 낙찰받은 사례를 소개한다. 2010년 6월, 대전의 1층 상가가 자산관리공사 공매 물건으로 나왔다. 대전 유성구 관평동에 있는 상가로 임대가 잘 나가는 위치에 자리한 상가였다. 감정가 3억 6,000만 원의 23평형 상가가 1억 1,400만 원까지 유찰되었다. 이런 좋은 위치의 1층 상가가 이렇게까지 유찰되는 일은 거의 없는데, 이유를 살펴보니 1억 8,000만 원의 유치권이 신고되어 있기 때문이었다.

상가 주인이 공사업자에게 공사를 맡기고 공사대금을 다 지불하지 못한 채 상가가 경매로 나온 것이다. 만약 이 상가의 유치권이 인정된다면 낙찰자가 1억 8,000만 원을 공사업자에게 대신 물어주어야 하기 때문에 가격이 그만큼 떨어질 때까지 아무도 입찰하지 않은 것이다.

유치권 내용을 확인해보니 전체 건물에 전기 소방 공사를 하고, 공사비를 받지 못한 업체가 유치권 신고를 한 것이다. 하지만 유치권이 성립되려면 지켜야 할 조건이 있는데, 조건을 빈틈없이 지키는 유치권자는 그리 많지 않다. 따라서 그 허점을 파고들면 유치권이 성립되지 않는 물건을 가려내어 좋은 투자 기회를 만날 수 있다.

나는 이 물건에 신고된 유치권이 실제로 성립되는지를 하나하나 따져 보았다. 이 건물에 신고된 유치권은 전기 소방 공사에서 공사비를 받지 못해 신고한 것으로 실제 공사를 한 것은 맞았다. 하지만 공사업자의 유치권이 성립되려면 몇 가지 조건이 갖춰져야 한다.

우선 유치권자가 점유를 하고 있어야 한다. 그런데 공매 진행 당시 기록을 보니 이 상가는 영업을 하고 있었다. 물론 유치권자가 다른 사람을 통해 간접 점유를 할 수도 있지만, 그렇다고 할지라도 매개 관계가 있는 사람에게 점유를 맡겨야 한다. 하지만 현장 확인 결과, 상가 임차인은 유치권자가 아닌 다른 사람으로 신고되어 있었고 대항력도 없는 상황이었다. 그렇다면 사실상 유치권자가 해당 물건을 점유하고 있다고 보기는 어려웠다.

또 하나는, 유치권자가 설사 점유를 하고 있다 하더라도 언제부터 점유했는지 점유 시점을 따지는 것도 중요한데, 이 물건은 점유일자조차 유치권 성립 요건을 만족시키지 못하고 있었다.

결론적으로 이 물건은 유치권이 성립되기 어렵다는 판단이 섰다. 해당 물건을 면밀히 검토한 후 가슴이 뛰기 시작했다. 진즉에 검토한 물건인데, 공매는 일주일에 감정가의 10%씩 유찰되다 보니 잠깐 잊은 사이에 벌써 감정가의 30%까지 유찰되어 있었다.

인근 부동산에 확인해보니 임대료는 보증금 5,000만 원에 월 150만 원까지 받을 수 있는 물건으로 투자가치는 충분했다. 앞서 상가투자에서 언급한 것처럼, 좋은 위치의 1층 상가는 임대 가격 수준에만 낙찰받아도 매우 좋은 투자인데 이 물건은 1억 8,000만 원이라는 유치권 때문에 임대 가격보다 훨씬 낮은 가격까지 유찰되었다. 유치권이 조금 마음에 걸렸지만, 그간의 경험으로 봤을 때 유치권이 인정될 확률은 희박하다고 보고 입찰하기로 마음먹었다.

이제 입찰가를 얼마로 정해야 할지 결정할 순간이었다. 상당히 좋은 물건이었기 때문에 반드시 낙찰받고 싶었다. 현재 최저가는 1억 1,400만 원이지만 낙찰받으려면 지난번 가격인 1억 3,300만 원보다 올려 써야 할 것 같았다. 나는 최저가에서 200만 원을 더 올려 1억 3,500만 원에 입찰하기로 했다.

공매 물건이라 수요일 오후 5시에 입찰이 마감되었고, 목요일 11시에 발표가 났다. 자산관리공사 온비드 시스템에 들어가 입찰 결과를 확인하는 순간, 짜릿한 쾌감이 일었다. 내가 낙찰받은 것이다. 경매투자에서 가장 짜릿한 순간은 바로 이 순간이다. 물건을 매각해서 수익을 얻는 순간이 아니라, 이처럼 좋은 물건을 남보다 빨리 알아보고 낙찰받는 순간 말이다.

한 가지 아쉬운 점은, 이번에도 단독 입찰이었다는 사실이다. 보이지 않는 경쟁자들을 예상하고 최저가보다 2,100만 원이나 올려 썼는데, 단독입찰이라 다소 허탈했다. 하지만 불만은 없었다. 내가 입찰하는 물건의 상당수는 이처럼 좋은 물건인데도 남들이 알아보지 못해 단독 입찰인 경우가 많았기 때문이다. 중요한 것은 그렇게 낙찰받은 물건이 대부분 높은 수익을 올려준 보석이었다는 점이다.

낙찰받고 나서 바로 잔금을 납부하고 소유권 이전을 했다. 거래하던 신협에서 8,000만 원을 대출해주었다. 사실 이 물건은 유치권이 걸려 있어 초보 투자자라면 대출이 어려울 수 있다. 하지만 그동안 틈새물건에 투자해 늘 안전하게 수익을 내고 대출금을 상환해왔기 때문에 은행에서도 나를 믿고 대출을 해주었다.

이제 유치권자와 한판 승부가 남았다. 유치권자도 1억 8,000만 원의 유치권이 걸려 있으니 쉽게 물러서지는 않을 것이다. 경매와 달리 공매는 인도명령이 되지 않기 때문에 명도소송을 진행하기로 했다. 법정지상권 소송이라면 늘 직접 하지만, 이 경우에는 유치권자와 시비를 가릴 필요가 있어 유치권 소송 전문가이자《유치권 진짜 가짜 판별법》의 저자인 노인수 변호사를 소송 대리인으로 선임했다.

이미 우리는 유치권이 성립되지 않는 여러 정황과 증거를 확보하고 있었다. 반대로 대부분의 유치권자들이 그렇듯 해당 물건의 유치권자들은 유치권에 대해서 잘 알지 못하고 있었다. 나중에 소송을 진행하면서 보니 상대편 변호사도 유치권에 대해 분명한 판단을 하지 못한 채 변론하고 있다는 사실이 드러났다.

변론이 시작되면서 유치권자들은 계속 코너로 밀리고 있었다. 유치권이 성립되려면 언제부터 점유를 했는지 점유 시점을 가리는 것이 중요한데, 그들은 점유 시작 일자를 답변하라는 재판부의 요구에 신고서에 제출한 날짜와 같은 날짜를 제출했다. 그들은 공매에서는 압류등기 이전에 점유를 해야 한다는 사실을 모르고 있었다.

게다가 우리측 변호사가 전 소유주에게 유치권자가 해당 건물의 영업을 몇 번이나 타인에게 넘긴 사실을 알고 있었느냐고 묻자, 전 소유주는 몰랐다고 답변했다. 유치권자가 건물 소유자의 허락 없이 점유를 넘기면 유치권이 인정되지 않는다는 사실을 그들은 전혀 모르고 있었다.

이처럼 유치권이 성립될 수 없는 이유가 소송 과정에서 명확하게 드러

났기 때문에 소송은 8개월 만에 우리의 승소로 끝났다. 법원은 이 물건의 유치권이 인정될 수 없다는 선고를 내렸다. 유치권이 인정될 수 없는 이유는 여러 가지가 있지만 법원은 간단하게 첫 번째 이유인 유치권 점유일자가 압류의 효력보다 늦어서 유치권이 성립될 수 없다고 판결했다. 재판부는 우리의 청구대로 상가의 점유를 인도해주고 원고가 소유권을 취득한 날부터 계산하여 매달 160만 원의 임대료를 지급하고 소송 비용도 피고측이 부담할 것을 선고했다.

이처럼 유치권을 인정받으려면 유치권이 성립하는 조건을 모두 충족시켜야 한다. 그중 하나라도 명백하게 성립되지 않는다면 유치권은 인정되기 어렵다. 결국 유치권자들은 더 이상 해볼 도리가 없음을 깨닫고, 인간적인 선처를 호소해왔다. 나는 유치권자와 협의 끝에 상호 확인서를 작성하고 점유를 넘겨받았다. 이어 은행을 갈아타고 총 1억 2,000만 원을 대출받았으며, 2주 후에 보증금 5,000만 원에 월 130만 원의 조건으로 새로운 임차인과 임대 계약을 체결했다. 또한 임대 과정에서 현재의 시설물에 대한 권리금으로 800만 원을 추가로 받을 수 있었다.

비록 8개월간의 소송 기간이 소요되기는 했으나, 이 물건은 처음에 예상했던 대로 매우 만족스러운 수익으로 보답해주었다. 계산을 해보니 세금을 포함한 총 매입 비용은 약 1억 5,000만 원이었고, 대출 1억 2,000만 원에 보증금 5,000만 원을 받아 투자금을 모두 회수하고도 2,000만 원의 순수익이 발생했다. 또 월세 130만 원으로 매달 대출 이자를 내고도 월 80만 원의 임대소득이 추가로 들어오고 있다.

- 감정가 : 3억 6,000만 원
- 낙찰가 : 1억 3,500만 원
- 세금 포함 총 비용 : 1억 5,000만 원
- 대출 : 1억 2,000만 원(월 이자 50만 원)
- 임대 계약 : 임대 보증금 5,000만 원 | 월 130만 원

* 실투자금 없이 2,000만 원의 수익이 발생하고, 월 이자 50만 원 제하고
매달 80만 원의 임대수익 발생.

그들의 유치권이 인정될 수 없는 이유

■

점유자가 유치권을 주장한다고 하더라도 반드시 유치권이 인정되는 것은 아니기 때문에 유치권이 성립되지 않는 명확한 근거를 제시할 수 있다면 유치권 물건은 충분히 승산이 있다. 위의 관평동 상가 사례에서 유치권이 성립되지 않는 이유는 크게 세 가지가 있었다.

첫째, 공매에서 유치권이 성립되려면 유치권자의 점유 시점이 압류일 자보다 빨라야 한다. 그런데 관평동 상가의 경우 유치권자들이 압류일자 이후에 점유를 했기에 유치권이 성립될 수 없었다. 법원경매의 경우, 유치권자가 경매 개시 결정 이전부터 점유를 해야 한다는 사실이 비교적 많이 알려져 있다. 하지만 이 물건은 공매 물건이었기에 경매와는 점유 시점 기준이 다소 다르다. 공매는 공매 개시 결정이라는 등기부상의 기입등기가 따로 없어서 세무서에서 압류등기를 한 날을 압류의 효력이 발생한 날로 본다. 즉, 공매 처분을 시작한 시점이 아니라 압류한 시점이 법원경매의 경매 개시 결정 일자와 같은 효력을 지닌다는 말이다. 그런데 이들은 그 사실을 전혀 모른 채 유치권 신고서에 자신들이 점유한 날짜를 압류 시점 이후로 기록하고 있었다. 따라서 유치권이 성립될 수 없었다.

물론 2013년부터는 공매에서도 공매기입등기제도가 시행되고 있다. 하지만 유치권자의 점유 시점을 압류일자를 기준으로 할지 공매개시일 자를 기준으로 할지에 대해서는 아직 판례가 없는 형편이다. 따라서 투자자 입장에서는 공매개시일자를 기준으로 유치권자의 점유가 있었는지 여부를 확인하는 것이 안전하다.

둘째, 유치권자는 부동산 소유자의 동의 없이 타인에게 점유를 넘겨서는 안 된다. 설사 점유를 넘기더라도 상호간에 법적으로 인정받을 수 있는 매개 관계가 있는 사람에게 넘겨야 유치권이 인정된다. 그렇지 않고 전혀 관계가 없는 사람에게 유치권의 간접 점유를 맡기면 유치권이 인정되기 어렵다. 그런데 관평동 상가의 유치권자들은 점유를 몇 번이나 타인에게 넘겼을 뿐 아니라 영업권을 주고받을 때 부동산 소유자에게 동의를 구하지도 않았다. 그렇다면 역시 유치권이 인정되기 어렵다.

이들의 유치권이 인정되기 어려운 마지막 이유는, 내가 낙찰받고 나서 소유권 이전을 한 다음에 당시 영업을 하고 있던 임차인에게 비용을 지불하고 점유와 영업권을 넘겨받았기 때문이다. 결국 점유조차 우리가 하고 있었기에 유치권은 언급할 여지가 없었다.

CHAPTER 6

지분
작을수록 유리한
지분 경매

자금력이 약한 투자자의 틈새시장, 지분

지분 물건은 아파트나 상가, 토지 등을 여러 사람이 공동으로 소유하고 있는 형태이다. 아파트의 경우에는 부부가 공동으로 소유하는 경우가 많고, 토지는 가족이나 형제들이 일부분씩 상속을 받아 소유하는 형태가 많다. 이런 지분 중에서 투자가치가 있는 지분을 잘 골라 매입한다면 상당히 좋은 수익을 기대할 수 있다.

특히 지분 물건은 감정가가 소액인 경우가 많다. 1,000만~2,000만 원으로 투자할 만한 지분 물건은 얼마든지 있기 때문에 자금력이 약한 투자자라면 지분 물건에 관심을 가져보는 것도 좋을 것이다. 나도 지금은 운용할 수 있는 자금의 규모가 커졌고, 법정지상권 물건에 주력하다 보니 지분 물건에 투자하는 일이 줄었지만 한때는 소액으로도 가능한 지분 물건에 관심을 가지고 투자한 적이 있었다.

만약 지분 물건에 투자하고 싶다면, 지분을 매입해 오랫동안 보유하겠다는 생각보다는 낙찰받은 지분을 타 지분권자에게 매각해서 단기간에 수익을 내는 방향으로 투자 계획을 세우는 것이 좋다. 내가 법정지상권 물건에 투자할 때 법정지상권이 성립되지 않는 토지를 낙찰받아 건물주에게 매각하는 것과 비슷한 맥락으로, 지분을 필요로 하는 타 지분권자가 있다면 충분히 투자가치가 있다.

지분 물건은 해당 물건 전체를 매입하는 것은 아니지만, 일부만 경매로 매입하는 것이기 때문에 시세보다 싸게 낙찰받을 수 있다. 일부 지분을 낙찰받으면 투자자는 해당 부동산을 사용할 권리를 갖게 된다. 하지만 실질적으로는 건물이나 토지 등으로 구성된 부동산 물건의 특성상 공동 소유자가 함께 사용하기가 어렵다. 또 공유지분은 대출받기도 어렵고, 임대나 매매를 할 때도 제약이 따른다. 공유지분이 과반수 이하인 소형 지분권자는 단독으로 공유물의 관리 행위를 결정할 수도 없다.

이처럼 공유지분은 한 지분권자가 독자적으로 사용하는 데 한계가 많기 때문에 웬만하면 한쪽에서 다른 쪽의 지분을 매입하는 방향으로 해결점을 찾게 된다. 공동으로 지분을 소유하고 있을 때 상대적으로 더 불편하고 아쉬운 사람은 더 많은 지분을 소유하고 있는 사람이다. 지분에 투자한 금액은 더 많은데, 공유지분의 특성상 사용권이 제한되니 만족할 만한 수익을 내기 어려운 것이다.

반면 작은 지분을 가진 사람은 투자 금액이 적으니 부담도 적고, 처리하는 데 시간이 오래 걸린다고 해도 버티기가 용이하다. 나는 이 점에 착안해 상대적으로 작은 지분을 경매로 매입해 타 지분권자에게 차익을 내고 매각하는 방식으로 투자를 해왔다.

실제로 이런 방식으로 지분 물건에 투자해 단기간에 높은 수익을 낸 적이 여러 번 있었다. 한번은, 상권이 좋고 분양과 임대가 수월한 분당에 위치한 신축 상가 건물의 10분의 1만큼의 지분이 경매로 나온 적이 있다. 나는 이 지분을 감정가 대비 30%에 낙찰받았는데, 자산관리공사 담당자는 물론 다른 지분권자까지 10분의 1짜리 지분을 왜 샀느냐고 의아해했다. 하지만 나는 개의치 않고 나머지 지분권자와 협상을 진행했고, 며칠 만에 시세의 80% 수준에서 매각해 단기간에 높은 수익을 낼 수 있었다.

이 지분을 빠른 시일 내에 해결할 수 있었던 것은 내가 낙찰받은 10분의 1이 타 지분권자에게 매우 필요한 것이었기 때문이다. 내 지분만 해결된다면 타 지분권자는 해당 상가를 바로 임대하고 분양할 수 있었다.

이처럼 내가 가진 지분을 상대방이 간절히 필요로 한다면 지분 물건은 단기간의 협상을 통해 충분히 수익을 낼 수 있다. 경매투자 초기에 투자금이 많지 않던 시절, 나에게 지분 물건은 소액으로 싸게 낙찰받을 수 있고, 타 지분권자에게 매각해 단기간에 수익을 낼 수 있는 틈새시장이었다. 이를 통해 다른 경매투자를 위한 자금을 마련할 수 있었다.

지분 물건에 투자할 때는 경매로 저렴하게 매입해 늘 시세보다 낮은 가격에 매각했기 때문에 다른 지분권자의 입장에서도 합리적인 선에서 원만하게 해결할 수 있었다.

단, 지분 물건은 경매로 낙찰받아도 은행의 잔금 대출이 어렵다는 사실을 알고 있어야 한다. 따라서 금액이 적더라도 본인이 운용할 수 있는 범위 내에서 낙찰을 받아야 타 지분권자와 협상할 때 여유를 가질 수 있다. 또 당연한 얘기겠지만, 지분 물건은 협상이 잘 풀리지 않거나 잘못 투자하면 장기간 자금이 묶일 수 있으므로 정말 확실한 물건에만 투자해야 한다.

경매투자의 경험이 적은 초보 투자자들에게 지분 물건은 다소 생소하고 어려워 보일 수 있을 것이다. 하지만 지분 물건의 맥락을 이해하고, 차근차근 접근해간다면 머지않아 지분 물건의 투자가치를 이해하고 좋은 물건을 고를 안목을 갖게 될 것이다.

소액으로도 얼마든지 투자할 수 있다

부동산을 한 사람이 아닌 여러 사람이 공동으로 소유하는 것을 '공유'라고 한다. 예를 들어 아파트를 부부가 공동으로 소유하고 있다면 이 아파트의 지분은 남편이 2분의 1, 아내가 2분의 1을 소유하고 있는 것이다. 이 경우 공유지분을 등기부등본상에 2분의 1씩 명시하게 된다.

각 지분 소유자는 자신의 지분을 처분할 수 있고, 언제든지 분할을 청구하여 해결책을 모색할 수 있다. 그런데 이러한 지분이 채무 등으로 인해 일부만 경매로 나오는 것이 바로 지분 물건이다.

경매 시장에 공유지분으로 되어 있는 부동산이 나오면 웬만한 사람들은 쳐다보지 않는다. 지분의 일부만 나온 물건은 사용하기가 어렵고 처분 절차도 복잡하기 때문이다. 하지만 공유지분에 대한 이해가 있다면 한 번쯤 투자해볼 만하다.

공유지분의 가장 큰 장점은 감정가 대비 낮은 가격에 매입할 수 있다는 점이다. 내 투자 원칙 중 하나는 살 때부터 수익이 나야 한다는 것인데, 지분 물건은 시세보다 낮은 가격에 입찰할 수 있는 물건 중 하나이다. 특히 경매투자 초기 자금력이 크지 않아 적은 금액으로 높은 수익을 올릴 수 있는 물건을 찾는 이들에게 지분 물건은 효자 노릇을 톡톡히 해낼 것이다.

지분 경매의 낙찰가가 떨어지는 데는 몇 가지 이유가 있다. 앞서 말한 것처럼 지분 물건의 활용도가 낮아 일반 투자자들이 크게 관심을 갖지 않기 때문에 낙찰가가 떨어질 수밖에 없다. 또 투자자 입장에서는 지분을 낙찰받아 기존 지분권자들과 물건의 관리에 대해 협의하고 상의를 해야 하는데, 이 또한 번거로운 일이므로 다른 물건들에 비해서 투자를 꺼리는 측면이 있다.

무엇보다 지분 경매는 공유자우선매수권이 있어서 낙찰받기가 쉽지 않다. 공유자우선매수권이란 지분이 경매로 나왔을 때 기존의 지분 공유자에게 먼저 매수할 우선권을 주는 것이다. 기존의 지분 공유자가 입찰 전에 공유자우선매수 신청서를 제출하거나 입찰 당일 지분 물건이 낙찰됐을 때 매입 의사를 밝히고 보증금을 내면 우선매수권을 행사할 수 있다.

투자자 입장에서는 기껏 권리분석을 하고 현장 답사를 다녀와서 물건을 낙찰받았는데, 공유자가 매수 신고를 해버리면 그동안의 노력이 모두 헛수고가 되는 것이기 때문에 적극적으로 투자하지 않는 것이다. 그러다 보니 지분 물건은 매우 낮은 가격까지 유찰되는 경우가 많고, 실제로 감정가와 비교되지 않을 만큼 싼 가격에 매입할 수도 있다.

하지만 실제 경매에서는 공유자라고 해서 무조건 우선매수권을 행사하는 것도 아니고, 때로는 매우 중요한 지분 물건인데도 공유자들이 그 중요성을 몰라서 우선매수권을 행사하지 않는 경우도 있다. 그럴 때 투자자는 좋은 지분을 싼 가격에 매입할 수 있으므로 충분히 좋은 투자를 할 수 있다.

따라서 공유지분의 가격이 시세보다 많이 떨어진 상태라면 한 번쯤 입찰해보는 것도 좋다. 비록 전체가 아닌 일부만 나온 지분 물건이라 하더라도 매입 후에 해결할 방법이 있다면 충분히 투자가치가 있다.

공유자의 우선매수청구권은 경매가 진행되는 물건의 공유자가 최고매수신고가와 같은 가격으로 채무자의 지분을 우선적으로 매수하겠다는 신고를 할 수 있는 규정이다. 다시 말해, 공유지분 경매에서 기존 공유자에게 매수의 우선권을 줌으로써 소유관계를 단순하게 하는 데 목적이 있다.

이러한 규정은 공유물 전체를 관리하려면 지분 공유자들이 지속적으로 관계를 유지하고 합의를 해야 하는데, 그러려면 공유지분을 새로운 사람이 매입하는 것보다 기존 공유자가 매수하는 게 타당하다는 취지에서 비롯하였다.

기존의 공유자가 우선매수청구권을 행사하면 그 물건에 최고가를 기재한 입찰자가 있다 하더라도 공유자는 최고가매수신고인의 자격을 얻을 수 있게 된다. 이때 공유자는 다음 개찰 건 호명 전까지 보증금을 제공하고 최고가매수신고 금액과 동일한 가격으로 공유지분을 우선 매수하겠다고 신고해야 한다. 이렇게 되면 최고가를 기재한 입찰자는 자동적으로 차순위매수신고인이 된다.

지분은 무조건 시세보다 싸게 매입하라

공유지분 물건에 투자할 때는 공동 소유로 있는 지분 중에서 일부만 경매로 나왔을 때 일부 지분을 낙찰받아 기존의 지분권자에게 매각하는 방식으로 수익을 내는 것이 일반적이다. 따라서 지분 물건에 투자하기 위해서는 물건에 대한 이해와 더불어 꼼꼼하고 과감한 투자 전략, 협상 능력 등이 요구된다. 특히 종잣돈이 많지 않은 소액 투자자들 중에서 행동력과 협상력을 두루 갖춘 사람이라면 충분히 도전해볼 만하다.

다만, 지분 물건에 투자할 때는 가격이 싸다고 무작정 입찰하는 것이 아니라 물건의 좋고 나쁨을 잘 따져봐야 한다. 지분 물건에 투자해서 성공하려면 다음과 같은 몇 가지 조건이 필요하다. 그중 하나가 법정지상권 물건과 같이 지분 물건도 가능한 싸게 낙찰받아서 시세보다 싸게 매각하는 게임을 해야 자금이 묶이지 않고 단기간에 수익을 낼 수 있다는 점이다. 따라서 지분 물건을 고를 때는 유찰이 많이 돼서 시세보다 매우 싸게 매입할 수 있는 물건을 골라야 한다. 애초에 저렴하게 낙찰받아야 타 지분권자와 협상하기 쉽고, 서로 만족할 만한 가격에 거래할 수 있기 때문이다.

법정지상권 물건도 마찬가지지만 지분 물건도 시세에 근접한 가격으로 매입해서 시세보다 비싸게 매각하려고 한다면 당연히 협상이 쉽지 않을 것이다.

되도록 소형 지분을 노려라

지분투자를 할 때는 가능한 한 소형 지분에 투자하는 것이 유리하다. 물론, 만약 토지의 소유권을 행사하고자 한다면 과반수 이상의 지분을 소유하고 있어야 단독으로 지분의 관리 행위를 결정할 수 있다. 하지만 투자 개념에서 지분 물건에 접근한다면 소형 지분을 사는 것이 유리하다. 소형 지분을 싸게 사서 타 지분권자에게 매각하는 방식으로 수익을 올릴 수 있기 때문이다.

지분권자는 자기가 소유한 지분을 독립적으로 처분할 수 있고, 공유물 전부를 자기 지분 비율에 맞게 사용할 수도 있다. 하지만 공유물 전체를 소유한 것이 아니므로 사용하는 데 제약이 따른다. 따라서 만약 내 지분 때문에 다른 지분권자가 재산권을 행사하는 데 어려움을 느낀다면 타 지분권자는 내 지분을 매입하려고 할 것이다. 이처럼 내 지분을 필요로 하는 다른 지분권자에게 차익을 남기고 지분을 매각하는 것이 핵심이다. 특히, 지분 물건에 투자할 때는 지분의 비율이 아무리 높아도 2분의 1을 넘기지 않는 것이 더 유리하다.

소유 관계가 단순한 지분이 좋다

지분 물건은 낙찰받으려는 지분 외에 다른 지분의 소유 관계가 단순할수록 좋다. 특히 나머지 지분을 소유한 사람이 한 사람이거나 가능한 한 적은 인원이어야 한다. 낙찰받은 지분 외에 다른 지분을 소유하고 있는 사람이 여럿이면 의견을 모으기도 어렵고 협상하기도 번거롭다. 또 각 지분의 소유권자 역시 나와 비슷한 권리를 행사할 수 있으므로 협상에 별 진전이 없을 수 있다.

만약 낙찰받은 지분 외에 나머지 지분을 소유한 사람이 한두 사람에 불과하다면 내가 가진 지분 때문에 권리를 행사할 수 없다는 사실이 아쉬울 것이고, 충분히 내 지분을 매입할 의사가 있을 것이다. 물론 나머지 지분을 여러 명이 가지고 있다 하더라도 그들이 가족관계라면 큰 상관이 없다. 가족 간에는 상호 협의가 이루어지기 수월하므로 한 사람이 소유한 것으로 봐도 무방하다. 다만 가족 중에 자기 지분을 자녀에게 증여나 상속을 한 경우가 있다면 협상 테이블에 삼촌과 조카까지 포함시켜야 하므로 복잡해질 수 있다.

따라서 지분 물건에 투자할 때는 낙찰받은 지분 외에 나머지 지분을 소유하고 있는 사람이 누구인지, 어떤 관계인지를 살펴보아야 하며, 되도록 소유 관계가 단순한 지분을 선택하는 것이 좋다.

환금성이 좋은 지분을 골라라

지분 물건의 경우, 협상이 원활하게 진행되면 단기간에 수익을 낼 수 있지만, 그렇지 않을 경우에는 한없이 긴 시간 자금이 묶일 수 있다. 따라서 지분 물건에 투자할 때는 가능한 한 단기간에 정리할 만한 물건인지를 확인해야 한다.

그런 물건은 어떤 물건일까? 바로 환금성이 높은 물건이다. 특히, 주거용 건물은 환금성이 높으므로 투자할 만하다. 아파트 지분 또한 여전히 거래가 쉽게 이루어지므로 투자가치가 있다. 상가 지분도 괜찮지만, 이 경우에는 임대나 분양이 잘되는 지역의 상가여야만 투자를 하는 의미가 있다. 그래야 상대 지분권자가 내 지분을 사려고 할 것이기 때문이다.

반면 거래가 잘되지 않는 지역의 건물 지분이 경매로 나왔는데, 건물이 너무 허름하고 가치가 없다면 가격이 아무리 낮더라도 입찰하지 않는 것이 좋다. 장래성이 희박한 토지 역시 마찬가지다. 물건의 가치가 없다면 상대 지분권자도 아쉬울 것이 없으므로 협상이 원활하게 진행되지 않을 것이고, 투자한 자금이 오래 묶일 수 있다.

타 지분권자의 자금력을 확인하라

지분 물건은 낙찰받은 지분을 타 지분권자에게 매각하는 것이 가장 좋은 해결 방법이므로 무엇보다 상대 지분권자가 내 지분을 살 만한 여력이 되는지를 확인해야 한다.

등기부등본상 상대 지분권자의 지분에 다른 채무가 없고 깨끗하다면 일단 투자해볼 만하다. 물론 등기부등본만으로 상대의 채무를 완벽히 확인할 수는 없지만 등기부등본에 다른 채무가 없다면, 타 지분권자의 자금 사정이 그리 나쁘지 않다고 예측할 수 있고, 만약 상대 지분권자가 자금의 여유가 없다 하더라도 내 지분을 인수하면서 대출을 받을 수 있으므로 크게 문제가 되지 않는다.

지분투자는 협상력이 관건이다

지분 물건의 투자는 타 지분권자와 협상해서 지분을 단시간에 해결하는 것이 바람직하다. 따라서 지분 경매는 협상에서 얼마나 유리한 위치에 설 수 있느냐가 관건이다. 내 지분이 없다면 상대가 얼마나 불편한지, 그리고 지분을 공유하고 있으면 나와 상대방 중 누가 더 불편한지에 따라 협상의 주도권이 달라진다. 따라서 투자자는 타 지분권자에게 자신이 낙찰받은 지분의 가치를 제대로 설명하고, 낙찰받은 지분을 매입하도록 설득해야 성공적인 투자를 할 수 있다.

협상에서 주도권을 잡으려면 우선 지분을 가능한 한 싸게 낙찰받아야 한다. 무리한 욕심으로 협상하기 어려운 가격에 낙찰받아 시세보다 비싼 가격을 제시한다면 타 지분권자도 흔쾌히 내 지분을 매입하려 하지 않을 것이다. 따라서 지분투자를 할 때는 자기 지분을 타 지분권자에게 시세보다 저렴하게 매각해도 충분히 수익이 날 만큼 애초에 싼 가격으로 낙찰받아야 한다.

또 공유물이 가치가 있어야 상대 지분권자가 적극적으로 협상에 임할 것이다. 만약 공유하고 있는 부동산이 포기해도 괜찮을 만큼 가치가 없는 물건이라면 상대도 적극적으로 협상에 응하려 하지 않을 것이고, 그렇게 되면 해결점을 찾지 못한 채 기약 없이 자금이 묶일 수 있다.

마지막으로, 협상에서 오래 버틸 수 있어야 주도권을 쥘 수 있다. 지분을 낙찰받고 나서 급한 마음에 상대방에게 자꾸 보채게 되면 상대방은 더욱 소극적으로 대응할 것이고, 그러다 보면 협상의 주도권을 잃고 지분을 헐값에 처분하게 될 수도 있다. 하지만 내가 자금력이 있고, 오래 버티는 데 문제가 없다면 타 지분권자와의 협상에서 유리한 위치를 차지할 수 있을 것이고, 만족스러운 가격에 매각할 때까지 주도적으로 협상에 임할 수 있을 것이다.

타 지분권자가 내 지분을 간절히 필요로 하는가

나는 그동안 지분 물건에 투자해 단기간에 좋은 수익을 내고 매각한 경우가 꽤 많았지만, 한번은 뜻대로 되지 않아 낭패를 본 적이 있었다.

몇 년 전 경기도 시흥시 정왕동의 상가 지분 5분의 1을 경매로 매입했을 때의 일이다. 지분은 통상 싸게 사는 것이 원칙인데, 이 물건은 평소의 투자 원칙에서 벗어나 다소 비싸게 낙찰받았다. 상가투자를 할 때 나는 늘 임대료의 85% 수준에서 매입한다는 원칙을 가지고 있는데, 이 물건은 물건 자체가 소수 지분이고, 내가 유리한 입장에 있다는 생각에 다소 욕심을 내어 인근 임대료 수준인 평당 90만 원에 낙찰을 받은 것이다. 물론 그래도 임대 시세보다는 싸게 낙찰받은 것인데, 아쉬운 것은 그 지역의 임대료가 매우 약한 상황이라는 점이었다. 당시 물건의 가격은 감정가의 30%였으나 그 지역의 평균 임대료가 평당 100만 원이 채 안 되는 상황이었다.

낙찰받은 다음 5분의 4 지분을 소유한 지분권자와 통화를 했다. 얘기를 들어보니 그는 건축 일을 하는 사람으로 다른 공사를 해주고 공사비를 받지 못해 5분의 4 지분을 대물로 받은 것이라고 했다. 그는 내 지분을 매입할 의사가 전혀 없었고 오히려 자기 지분을 나더러 매입하라고 했다. 하지만 나도 상대의 지분을 매입할 의사가 없었다. 임대료가 약한 지역이었기 때문이다.

이처럼 내가 소수의 지분을 가지고 있어도 상대가 그 물건을 간절히 필요로 하지 않는다면 지분은 해결하기가 쉽지 않다. 나의 예상과 달리 상대는 전혀 급할 게 없었고, 나의 지분을 매입할 의사조차 없었다. 나도 역시 낙찰은 받았으나 이 물건을 처분하는 데 그리 급하지 않았고, 상대의 지분을 매입할 생각이 없었다. 그러다 보니 협상에 더 이상 진척이 없었다.

결국 함께 임대를 주는 것으로 결정을 하고 2년 동안 임대를 주다가 얼마 전 매우 싼값에 전체 지분을 사겠다는 사람이 있어 5분의 4 지분권자와 협의해서 이 물건을 매각할 수 있었다. 물론 매각으로 인해 손해를 보지는 않았지만 그렇다고 내가 계획한 높은 수익이 난 것도 아니었다.

이처럼 지분 물건은 늘 협상을 통해 정리가 된다. 따라서 입찰하기 전에 타 지분권자와 협상이 가능한지, 협상에서 내가 유리한 위치에 있으려면 어떤 선택을 해야 하는지 충분히 계획하고 투자해야 한다.

공유물분할청구소송

지분을 낙찰받고 나서 협상이 잘 이루어지지 않고 타 지분권자 역시 아쉬울 게 없다면 다른 방법을 강구해야 한다. 특히 타 지분권자가 해당 부동산에 대한 낙찰자의 출입을 제한하는 경우가 있는데, 그럴 때는 자신도 해당 지분의 부동산을 사용할 권리가 있다는 사실을 인식시켜야 한다.

타 지분권자와 협의가 불가능할 때 지분권자가 할 수 있는 가장 강력한 방법은 법원에 공유물분할청구소송을 하는 것이다. 예를 들어, 아파트의 공유지분을 낙찰받았다면 본인도 아파트 일부 지분의 소유자임을 분명히 하고, 다른 지분권자에 의해 소유권 행사를 제한받고 있으니 공유물을 분할해 달라고 법원에 요청할 수 있다.

법원은 기본적으로 현물 분할을 원칙으로 하지만 부동산의 특성상 분할이 어려울 경우에는 경매로 전체 부동산을 매각해서 매각대금을 지분의 비율대로 나누어주는 가액 분할을 명령하게 된다.

이런 상황까지 가게 된다면 투자자는 지분의 비율만큼 경매 매각대금을 받으니 금전적인 손해를 보지는 않을 것이다.

하지만 수익을 기대하기는 어렵고, 경매 절차를 진행하고 매각대금을 받는 데까지 걸리는 시간도 무시할 수 없다. 타 지분권자 역시 자신이 보유하고 있던 부동산이 경매로 매각되는 것이니 반가울 리 없다. 따라서 지분 물건을 낙찰받았다면 투자자는 공유물분할청구소송까지 가기 전에 가급적 타 지분권자와 원활한 협상을 통해 합의점을 찾는 것이 최선이다.

상가 지분에 투자해
한 달 만에 1,500만 원 벌다

지분 물건을 검색하던 중 안산의 대형 상가 건물 9층의 한 개 호수가 공매로 나온 것을 발견했다. 한 개 호수의 4분의 1 지분이 7,000만 원에 감정되어 3,150만 원까지 유찰된 상태였다.

일반적으로 안산의 상가는 공실이 많고 3층 이상 상가의 임대가가 분양 평수로 평당 100만 원 수준인 곳도 있기 때문에 감정가만 믿고서 덜컥 입찰해서는 안 된다. 반드시 임대 시세를 확인한 후 보수적으로 입찰가를 정해야 한다.

하지만 이 물건은 비록 등기부상에는 근린상가로 되어 있지만 처음부터 건물 꼭대기층의 일부를 주택으로 지은 것으로 보였다. 기록상으로는 상가였지만 실제로는 주거용인 셈이다. 주거용이라면 상가보다는 수요가 많을 것이기 때문에 나는 투자가치가 있다고 판단했다.

감정평가서의 사진을 보니 건물 내부의 층고가 높아 복층으로 인테리어를 했고, 주거용으로 상당히 넓고 인테리어가 잘되어 있었다. 복층의 아래층은 실평수 40평에 방이 4개, 화장실 2개, 넓은 거실이 있고 위층도 실평수 40평에 역시 방이 4개, 화장실 2개가 딸린 구조였다. 인테리어 비용으로 5,000만 원의 유치권 신고가 되어 있었는데, 아마 복층 공사비용인 듯했다. 하지만 소유자가 자신의 비용으로 공사를 한 것이므로 실제로는 유치권이 인정될 수 없으므로 4분의 1 지분을 매입하는 데는 큰 문제가 되지 않았다.

이 물건이 지분으로서 가치가 있었던 것은 나머지 4분의 3 지분을 소유한 사람이 한 명뿐이고, 4분의 3 지분에 대출 등의 다른 빚이 전혀 없었기 때문이다. 그렇다면 상대 지분권자가 내 지분을 매입하는 데는 큰 문제가 없을 것이다. 내 지분을 인수하면서 대출을 받는다면 못해도 1억 2,000만 원은 대출이 가능하기 때문이다. 더구나 인테리어를 위해 많은 비용을 들였으니 4분의 3 소유자는 부동산의 가치를 봐서라도 이 4분의 1 지분을 매입하는 것이 현명할 것이다. 이처럼 지분투자의 핵심은 타 지분권자의 상황을 정확하게 추측하고 상대 지분권자가 과연 내 지분을 매입할지를 판단하는 데 있다.

충분히 투자가치가 있는 지분이라고 판단하고 낙찰 가능성을 따져보았다. 안산의 상거건물인 데다 공매로 나온 물건이기 때문에 경쟁률이 그리 높지는 않을 것 같았다. 하지만 나에게 이 물건은 보석이나 다름없었다. 물론 유치권이 신고된 안산의 상가 건물이라는 열악한 조건을 고루 갖추고 있었지만, 이 물건은 주거용으로 개조했으므로 부동산으로서의 가치는 충분했다. 유치권 또한 소유자가 신고한 유치권이니 무시해도 좋은 상황이었다. 상대 지분권자가 한 명이고 등기부등본상 채무가 없기 때문에 지분을 해결하는 데도 무리가 없었다. 낙찰만 받는다면 수익을 내는 것은 전혀 문제가 없는 물건이었다. 물론 4분의 3 지분권자도 전문가가 아니니 이번에 입찰하지는 않을 것으로 예상되었다. 만일 그가 전문가라면 이 지분을 감정가인 7,000만 원에라도 입찰했어야 한다. 나는 이 물건에 아무도 입찰하지 않을 것으로 예상했다.

사실은 같은 빌딩 2층에도 상가 지분 2분의 1이 경매로 나왔고 25%까지 유찰된 상태였다. 하지만 나는 이 물건은 거들떠보지도 않았다. 이 물건은 내가 입찰하려는 물건보다 더 많이 유찰됐지만, 투자가치가 없다고 봤기 때문이다.

실제로 이 건물 2층은 전체의 반 이상이 공실인 죽은 상가였다. 그렇다면 아무리 싸게 낙찰받아도 임차인을 구하기 어려울 것이고, 기약 없이 관리비만 내고 있어야 할 수도 있다. 게다가 지분의 규모도 2분의 1이니 나머지 2분의 1 지분권자보다 유리할 것이 없고, 오히려 상대 지분권자가 자기 지분을 낙찰자에게 매각하려 할 수도 있다. 말하자면 이 지분은 환금성이 약하고 낙찰받는다고 해서 투자자가 협상의 열쇠를 쥐게 되는 것도 아니었다. 물론 많이 유찰되어 싼 가격에 매입할 수 있다는 장점은 있었지만, 같은 층의 반 이상이 공실인 상가라면 그마저도 메리트가 될 수 없었다.

나는 9층의 4분의 1 지분에 입찰하기로 결심하고 얼마에 입찰할지 고민했다. 7,000만 원짜리 지분을 반값에 낙찰받는다면 적절한 수익을 내고 매각이 가능할 것 같았다. 만약 지분을 3,156만 원에 입찰해서 시세 내에서 매각한다면 내 입장에서도 충분한 수익이 나고 상대방도 시세보다 싸게 매입하는 것이니 크게 불만이 없을 것이다. 물론 협상하는 데 드는 시간은 감안해야 한다.

이러한 판단을 거쳐 9층의 소수 지분을 3,156만 원에 낙찰받았다. 예상대로 단독 입찰이었다. 하지만 같이 진행됐던 2층의 2분의 1 상가 지분은 4명이나 입찰했다. 나는 2층의 상가 지분보다 훨씬 가치가 있는 9층 지분에 아무도 입찰하지 않은 것에 안도감을 느꼈다. 아직도 보석을 알아보는 이가 많지 않은 것이다.

낙찰받고 나서 며칠 후에 건물주와 통화를 시도했다. 건물주는 당사자가 나오지 않고 대리인을 협상자로 내세웠다. 어쨌든 상대방이 협상의 의지가 있다는 뜻이니 나에게는 긍정적인 신호였다.

곧 협상이 시작되었다. 협상이 시작되면 나는 늘 내가 낙찰받은 지분의 가치가 어느 정도인지 설명하고, 상대방이 내 지분을 사는 것이 왜 유리한지를 이해시키려고 노력한다. 두 번의 협상을 통해 지분 물건의 처리 방안에 대해 충분히 설명이 되었다고 판단했고, 이제 상대방이 선택해야 할 차례였다.

상대의 답변을 기다리는 동안, 잔금 납부일자가 다가왔다. 납부일자가 얼마 남지 않았기 때문에 나는 상대 지분권자에게 최후통첩을 했다. 잔금을 납부하지 않은 상태에서 바로 매매 계약이 성사되면 700만 원 정도의 수익을 내고 매각할 생각이지만, 그렇지 않을 경우에는 그 금액으로는 협의가 어렵다고 말하고서 답변을 기다렸다. 하지만 상대방 측에서 연락이 오지 않아 일단 잔금을 납부했다.

며칠 후, 대리인에게서 다시 연락이 왔다. 대리인을 만난 자리에서 내가 이미 잔금을 납부했다고 하자 그는 당황한 듯했다. 얘기를 들어보니 잔금 납부 전에 계약을 하려고 준비하고 있었던 모양이다. 미리 연락을 주었으면 좋았을 텐데, 아무 연락이 없어서 나는 이미 잔금을 납부한 상태였다. 이제는 상황이 달라졌다. 투자 금액이 달라졌으니 매매 금액 또한 달라져야 할 것이다. 결국 다시 두 번의 협상을 더 거쳐 1,500만 원의 수익을 내고 매각하기로 합의했다. 계약을 마무리 짓는 자리에서 나는 상대에게 이렇게 말했다.

"사실 전문 투자자 입장에서는 이 지분 물건을 매각해 2,500만 원의 차익을 내는 것도 충분히 가능한 상황입니다. 하지만 짧은 기간에 거래가 되었고, 저로서는 이 정도 수익이면 만족하기 때문에 시세보다 싸게 매각하는 것입니다. 사실 선생님은 이 물건을 저와 계약한 금액보다 더 높은 금액에 1차에 입찰을 했어야 합니다. 선생님은 싸게 낙찰받기 위해 기다렸겠지만, 만일 제가 아닌 다른 투자자가 낙찰받았다면 더 많은 금액을 주고 매입해야 했을 수도 있습니다."

상대방도 내 말에 충분히 납득하는 표정이었다.

이 물건은 낙찰 후 잔금을 납부하고 한 달이 채 안 돼 4분의 3 지분권자에게 매각을 하고 1,500만 원의 수익을 낼 수 있었다. 투자금액과 기간을 고려하면 매우 만족스러운 투자였다. 이처럼 지분 물건은 소액으로 투자가 가능하고, 잘만 사면 단기간에 해결할 수 있다는 것이 가장 큰 매력이다.

수 익 률 표

- 감정가 : 7,000만 원
- 낙찰가 : 3,156만 원

＊ 타 지분권자에게 매각해 한 달 만에 1,500만 원의 수익 발생.

에필로그

움직이는 사람에게는
늘 기회가 온다

안전한 투자는 없지만, 덜 위험한 투자는 있다

경매 강의를 하다 보면 대부분의 사람들이 처음에는 호기롭게 경매를 시작하지만 얼마 지나지 않아 시들해지는 것을 볼 수 있다. 경매를 통해 굉장한 수익을 얻을 줄 알았는데, 막상 강의를 듣고 권리분석을 하다 보면 임장이니 뭐니 해서 귀찮은 일들이 많고, 대박의 꿈을 이뤄줄 보석 같은 물건은 그들의 눈에 좀처럼 띄지 않는 것이다.

투자와 강의를 병행하는 입장에서 안타까운 점은 초보자들이 다른 사람들의 대박 사례만 보고 자기들도 단번에 뒤집기가 가능할 것이라는 과도한 기대를 품고 온다는 사실이다. 그런 사람들에게는 먼저 경매에 대한 환상을 버리라고 말하고 싶다.

물론 나는 경매투자를 통해 인생역전을 이룬 사람이다. 서른네 살에 처음 경매를 시작해 몇 년 만에 수십억 원의 자산가로 올라섰고, 변화하는 시장에서도 13년간 꾸준히 수익을 내왔기 때문에 경매가 다른 어떤 투자보다 수익성이 높고, 안전한 투자라고 자신 있게 말할 수 있다.

하지만 경매는 했다 하면 대박이 나는 무소불위(無所不爲)의 투자법이 아니다. 미안하지만, 그런 투자는 어디에도 없다. 경매는 딱 노력한 만큼 성과가 나오는 재테크이고, 책상에 앉아서 편하게 할 수 있는 게 아니라 끊임없이 움직여야 하는 다소 투박하고 고생스러울지 모르는 투자이다. 다만 열심히 하다 보면 상당히 괜찮은 수익을 낼 수 있고, 다른 재테크에 비해 투자금을 잃을 확률이 적기에 안전하다고 말하는 것뿐이다.

포기하지 않고 계속하는 사람들

이제 경매를 시작한 초보 투자자들은 이렇게 말한다. 좋은 물건이 보이지 않는다고. 권리관계가 복잡하고, 투자 자금도 부족하고, 경쟁자가 너무 많다고. 낙찰가가 너무 높아 수익이 없다고. 그들은 경매투자가 과연 기회가 될 수 있는지 의심하고, 지레 걱정을 하고, 몇 번 해보지도 않고 그만둔다. 조금만 끈기를 가지고 움직이면 좋은 물건을 볼 줄 아는 안목이 생기고, 투자가치가 있는 물건을 찾는 시간도 단축시킬 수 있는데, 그들은 그 시간을 견디지 못하고 포기해버리는 것이다.

하지만 움직이는 사람들은 다르다. 투자자로서의 가능성이 보이고, 미래의 경쟁자로서 나를 긴장하게 하는 사람들은 돈이 많은 사람도 아니고, 똑똑한 사람도 아니다. 포기하지 않고 계속하는 사람들이다.

그들은 잊을 만하면 나에게 질문을 해온다. 경매 물건을 보러 현장에 갔다가 궁금한 점이 있으면 바로 전화로 물어보고, 차로 2시간씩 운전해서 내 사무실까지 찾아와 관심 물건에 대해 질문한다. 그들의 질문은 갈수록 날카로워진다. 처음에는 아주 단순한 사항을 묻다가 어느새 투자의 핵심에 근접해 있다. 질문하고 상담하는 데 걸리는 시간은 채 20분도 되지 않는다. 하지만 경매 물건의 리스크를 관리하는 데는 충분한 시간이다.

얼마 전에도 젊은 부부가 법정지상권 물건 몇 개를 가지고 나를 찾아왔다. 모두 3,000만 원 이하의 물건으로 단기간에 1,000만 원의 수익을 기대할 수 있는 것들이었다. 검토를 해보니 투자가치가 있는 물건도 있고, 몇 가지 사항만 확인하면 입찰해도 될 만한 물건도 있었다. 이 부부는 주중에 맞벌이로 직장에 다니고, 주말에 어린 두 아이를 데리고 나들이 삼아 임장을 다닌다고 한다. 가끔 내 사무실에 들러 관심 물건에 대해 질문을 하는데 질문의 수준이 예사롭지 않다. 그들은 이미 법정지상권과 같은 틈새물건의 투자 가능성을 직감한 사람들이다.

그들이 가져온 물건을 검토하다 보니 예전에 1,000만 원 이하의 법정지상권 물건을 찾아 헤매던 내 모습이 떠올랐다. 나도 투자금이 넉넉지 않아 소액으로 투자할 수 있는 물건을 무던히도 찾아다니던 시절이 있었다.

초보 투자자 시절, 나는 지방에서 학생들 과외로 생활비를 벌면서 투자를 병행했다. 낮에는 함께 법인을 만들어 투자하던 동료들과 경매 물건을 보러 다니고, 저녁에는 과외수업을 하면서 근근이 생활을 이어나갔다. 동료들이 퇴근할 때 나는 다시 과외수업을 하기 위해 움직여야 했다. 가끔은 그들처럼 일찍 퇴근하고 싶고 친구들도 만나고 싶은 생각에 과외를 하러 가는 발걸음이 무거워지곤 했다. 하지만 눈앞에 닥친 현실이 막막하고, 여유를 부릴 상황이 아니었기에 본업을 소홀히 할 수는 없었다. 때로는 밤 11시까지 수업이 이어졌고, 그럴 때면 녹초가 되어서 집에 돌아오기 일쑤였다. 그나마 그렇게 열심히 수업을 한 덕에 자금이 많지 않아도 입찰을 계속하고 대출이자도 갚을 수 있었다.

이처럼 경매투자의 경험을 해보고서 그 가능성을 알아본 사람들의 자세는 다르다. 그들은 경매투자가 더 이상 매력적이지 않다는 주변의 말에 굳이 반박하지 않는다. 스스로 투자의 가능성을 깨닫기 전에는 상대방을 설득할 수 없다는 사실을 알기 때문이고, 애써 설득할 이유도 없기 때문이다. 대신 주변의 회의적인 반응에 아랑곳없이 조용히 경매 물건을 찾아 움직인다. 그들의 마음은 최근에 봤던 물건에 대한 생각으로 가득 차 있고, 그 물건의 투자가치를 검토하면서 조용히 가슴이 뛰고 있다. 그들은 번번이 입찰에서 떨어지지만 무리하게 입찰가를 올리지 않고 계속 도전한다. 몇 번의 도전에 낙찰받지 못했다 하더라도 이러한 과정 자체가 초보에서 고수로 가는 통과의례라는 사실을 알아야 한다.

경매투자를 하다 보면 운이 좋아 한 번에 낙찰받아 괜찮은 수익을 낸 사람도 있고, 십여 번의 낙방 후에야 비로소 한 건을 낙찰받는 사람도 있다. 대부분의 사람들은 전자를 부러워하겠지만, 이 둘의 실력 차이는 눈에 보이는 성취보다 훨씬 크다. 후자는 조만간 또 좋은 투자를 할 수 있는 실력을 이미 갖고 있지만, 전자는 아직 배워야 할 것이 많다. 그러니 서둘러 한 건을 낙찰받는 데 급급하기보다 장기적인 안목을 가지고 차근차근 투자 노하우를 쌓아가는 게 중요하다. 그렇게 1년 정도만 투자하면 그런 사람들은 반드시 한 건을 하게 된다. 그런 식으로 한두 번 반복하다 보면 결국 경매투자의 가능성을 보게 된다. 가능성을 본 사람들은 누가 설득하지 않아도 스스로 움직인다. 비로소 고수의 길로 접어드는 것이다.

그 젊은 부부도 얼마 지나지 않아 나의 도움 없이 충분히 투자를 계속할 수 있게 될 것이다. 내공이 쌓일수록 효과적으로 움직일 것이고, 위험도는 점점 낮아지고 수익은 높아질 것이다. 부동산 경매가 고생스러울 수는 있으나 반드시 그러한 수고를 보상하고 남을 만큼의 수익을 얻게 될 것이다. 나도 그러한 과정을 거쳤기 때문에 이들이 변함없이 1년만 더 움직인다면 충분히 좋은 수익을 낼 수 있을 거라고 확신한다.

현장에 답이 있다

경매투자에서 고수가 되는 길은 다른 게 없다. 변함없이 물건을 찾고 끊임없이 현장을 누비는 것뿐이다. 경매는 이론적인 부분에서 특별할 게 없기 때문에 책상 앞에 앉아서 고시 공부하듯 오래 공부한다고 해서 좋은 투자자가 되는 것이 아니다. 현장에서 적극적으로 움직이는 사람만이 기회를 잡을 수 있다.

우리 카페 회원 중에도 강의를 들은 지 두 달 만에 벌써 두 건을 낙찰받은 사람이 있는데, 그는 경매를 시작한 지 얼마 되지 않았지만 현장에 가면 감이 온다고 했다.

"현장에 가면 답이 보여요. 물건을 보자마자 이거다 싶은 물건도 있고 전혀 아닌 물건도 있어요. 집요하게 파헤쳐보고 싶은 욕심나는 물건도 있고요. 경매 사이트에서 물건을 검색만 할 때는 몰랐는데, 현장을 돌아

다니다 보니 이중에 내 물건이 있겠구나 하는 희망이 생깁니다."

나도 이 말에 동감한다. 많이 돌아다니면서 직접 확인하다 보면 낙찰받을 수 있는 물건을 알아보는 안목이 생긴다. 나 역시 한동안 좋은 물건을 발견하지 못할 때가 있다. 그러다 보면 이제는 예전과 같은 좋은 수익을 안겨주는 물건은 더 이상 없는 것은 아닐까 의문을 품게 된다. 하지만 이러한 시기에도 흔들리지 않고, 변함없이 물건을 찾다 보면 머지않아 또 좋은 물건을 발견하게 된다. 그것도 이전에 투자했던 것보다 훨씬 좋은 물건을 말이다. 이러한 경험을 반복하다 보니 이제는 경매 물건을 열심히 찾고 기다리면 얼마든지 보석 같은 물건을 발견할 수 있다는 확신을 갖게 되었다.

언젠가는 나도 전업 투자자의 길에서 물러나 가족들과 여유로운 노후를 보내게 될 것이다. 하지만 그때도 나는 틈틈이 경매 물건을 검색할 것이다. 물건을 검색하다 보석 같은 물건을 발견했을 때의 기쁨, 그 물건이 내 물건이 될 때의 희열, 그리고 한 건을 제대로 해결하고 났을 때의 성취감을 이미 맛보았기 때문이다.

누누이 얘기하지만 경매는 이론이 아니라 실전이다. 경매투자를 하면서 터득해야 할 것은 남들도 다 알아보는 좋은 물건을 보는 눈이 아니라, 진짜 낙찰받을 수 있는 자기만의 보석을 발견하는 안목이다. 그런 안목은 현장에서, 실전을 통해서만 기를 수 있다. 그러니 경매투자의 가능성을 보았다면 일단 움직여라. 움직여서 직접 확인하고, 발품을 팔면서 내 물건을 찾아야 한다. 아무리 경매 시장이 어렵다고 해도 움직이는 사람에게는 여전히 기회가 있다.